中国旅游业绿色发展效应研究

▸ 机理、事实与特征 ◂

童　昀◎著

中国旅游出版社

前言

中国经济已由高速增长阶段转向高质量发展阶段，“生态优先、绿色发展”上升为国家战略，并将在未来很长一个时期成为实现中国经济高质量发展的主要方式和动力。旅游业不仅是国民经济战略性支柱产业，更是践行“两山理论”和满足人民日益增长的美好生活需要的重要载体。近年来，中国旅游经济规模持续扩张，在国民经济中地位不断提升，文化和旅游部数据显示，旅游业对国民经济和就业的综合贡献率均已超过10%，综合带动性明显，战略性支柱产业地位愈发显著。置于生态文明建设和绿色发展时代背景下的中国旅游业发展，显然具有特殊意蕴和使命——旅游业能够有效助推中国绿色发展吗？长久以来，针对这一问题，既有研究多停留于旅游发展本身是否绿色这一层面，包括旅游碳排放在内的旅游非期望产出研究，以及基于微观目的地实地调研测量的旅游业生态环境效应研究，已经对理性认知旅游业的绿色属性奠定了充实基础并积累了经验。然而，上述研究忽视了“旅游业发展能否促进区域整体绿色发展”这一更加宏观的研究视角。鉴于旅游业良好的综合带动性以及产业融合性、示范性，考察这一命题，将推动我们形成对旅游业绿色溢出效应的理性认识，也将实现中国旅游发展与“生态优先、绿色发展”国家战略的必要呼应。对于绿色发展理论的完善和中国绿色发展路径的探索，具有重要意义。

针对中国旅游业绿色发展效应这一核心命题，本书按照机理、事实和特征三个过程进行推进。通过全面梳理和评述旅游业绿色发展效应、区域绿色发展测度等领域的研究成果，针对现有研究的空白和不足，在选题、视角与数据等方面加以创新和完善。具体而言：首先，通过文献计量研究，确定使用绿色全要素生产率作为区域绿色发展水平的衡量指标。其次，依托遥感影像（PM2.5 气溶胶反演遥感数据、DMSP/OLS 夜间灯光数据、中国土地利用现状遥感数据）和社会经济统计数据在内的多源数据，构建城市绿色全要素生产率测算指标体系，并利用 EBM-Global Malmquist-Luenberger 模型测度和分解 2005~2016 年中国 284 个地级及以上城市的绿色全要素生产率，并从区域差异、时序变化、空间集聚等方面对测算结果进行分析。接着，对中国旅游业绿色发展效应的机理进行理论阐释，并构建以旅游业为核心解释变量、绿色全要素生产率为被解释变量的面板计量模型，在此基础上考虑异方差、序列相关、截面相关等问题的初步估计，并进一步处理内生性问题，实施稳健性检验。同时，分别以绿色技术效率、绿色技术进步为被解释变量，进一步识别旅游业促进绿色全要素生产率提升的路径。在证实中国旅游业绿色发展效应事实的基础上，进一步从空间视角构建面板杜宾模型，揭示旅游业绿色发展效应的空间溢出特征。从非线性视角构建面板平滑转换模型，考察旅游业绿色发展效应的非线性特征，并运用面板门槛模型进行稳健性检验。在旅游业高质量发展的背景下，将研究话题进一步拓展，探讨旅游业发展质量影响目的地城市绿色发展的非线性关系。

通过上述研究，本书获得以下主要结论：

（1）城市绿色全要素生产率测算方面：全国城市绿色全要素生产率年均增长 2.688%，绿色技术效率年均增长 0.639%，绿色技术进步年均增长 2.037%，中国城市绿色全要素生产率增长的“单一源泉”特征明显，即增长源泉为绿色技术进步，而非源于绿色技术效率。中部地区城市绿色全要素生产率、绿色技术效率和绿色技术进步年均增长率都位列东部、西部之后，均呈现“中部塌陷”格局，但 2013 年后中部城市绿色全要素生产率改善速度明显提升。绿色技术进步变化率与绿色技术效率变化率之间存在明显此消彼长的“相互嵌入”特征。

（2）旅游业绿色发展效应基本分析：研究证实了旅游业能够显著促进城

市绿色发展（绿色全要素生产率提升）。不考虑内生性情况下，旅游业发展每提升 1%，城市绿色全要素生产率增长 0.0189%–0.0285%。克服内生性之后，工具变量稳健固定效应 2SLS 估计的旅游业发展系数达 0.174 且在 0.01 水平显著，远高于不考虑内生性的估计结果。这一事实得到了四种稳健性检验（替换核心解释变量的代理变量、动态面板估计、滞后效应、剔除样本异常值）的验证。旅游业促进绿色全要素生产率提升是通过促进绿色技术效率和绿色技术进步综合实现的，旅游业绿色发展效应呈现“双轮驱动”特征，但固定效应估计结果表明，以促进绿色技术效率为主。

（3）旅游业绿色发展效应空间视角分析：旅游业对城市绿色全要素生产率和绿色技术进步的促进作用存在正向空间溢出特征但不显著。旅游业对绿色技术效率具有显著正向空间溢出效应，经济和地理距离空间权重矩阵下，本地旅游业发展每提高 1%，分别促使邻近城市绿色技术效率提高 0.0433% 和 0.0604%。考虑空间因素后，对于旅游目的地本地，旅游业绿色发展效应仍然表现为同时提升绿色技术效率和绿色技术进步的“双轮驱动”特征，但对于邻近城市，旅游业绿色发展效应则表现为促进绿色技术效率的“单轮驱动”特征。

（4）旅游业绿色发展效应非线性分析：城市经济异质性视角下，旅游业绿色发展效应呈现显著的平滑转换特征，旅游目的地经济发展水平是旅游业绿色发展效应的“放大器”。随着目的地经济发展水平的提高，旅游业发展对绿色全要素生产率的估计系数由 0.0264 升至 0.0523，对绿色技术效率的估计系数由 0.0150 升至 0.0282，对绿色技术进步的估计系数由 0.0093 升至 0.0279，且显著性逐渐增强。对应的面板门槛模型估计系数和显著性变化趋势与面板平滑回归估计结果吻合，验证了旅游业影响城市绿色发展平滑转换特征的稳健性。

（5）旅游业发展质量影响城市绿色发展分析：固定效应模型估计显示旅游业发展质量提高对城市绿色全要素生产率（估计系数为 0.0418）、绿色技术效率（估计系数为 0.0220）、绿色技术进步（估计系数为 0.0198）均表现为促进作用。面板平滑转换模型估计显示，随着城市经济发展水平的提升，提高旅游业发展质量对绿色全要素生产率正向影响加强，但其平滑转换机制不显著，旅游业发展质量对绿色技术效率和绿色技术进步的正向影响均加强且平滑转换机制显著。

基于上述结论，本书提出以下政策建议:(1) 将发展旅游业作为促进城市绿色发展的重要途径;(2) 强化旅游业对区域绿色发展的空间溢出机制;(3) 推动“城旅融合”发展，充分释放旅游业绿色发展效应;(4) 综合促进旅游业“增量”“提质”与目的地自身发展。

目 录

第1章

绪 论

中国经济已由高速增长阶段转向高质量发展阶段，绿色发展被确立为“创新、协调、绿色、开放、共享”五大发展理念之一，并作为现阶段中国经济社会发展主旋律和实现经济高质量发展的重要途径得到践行和贯彻。近年来，旅游业作为转变经济发展方式、产业结构优化调整的重要方向，旅游产业规模及其对国民经济和就业的综合贡献不断上升，战略性支柱产业地位日益显著。在生态文明建设和绿色发展以及中国旅游经济快速增长的背景下，探讨旅游业之于区域绿色发展的意义和作用，即探讨中国旅游业的绿色发展效应，是科学认识旅游业绿色属性的重要议题。本章如下安排：首先，从现实和理论两个方面阐明开展中国旅游业绿色发展效应研究的研究背景，并论述其理论意义与现实意义。其次，梳理本书的研究思路，明确“中国旅游业发展是否支持了区域绿色发展？[①]”这一核心科学问题并对其解构，进而构建研究框架。再次，简要介绍开展研究需涉及的研究方法论和具体研究方法，并且构建具体技术路线。最后，阐述并指出本书在选题确立、视角构建、数据融合等方面存在的研究创新与研究特色。

---

① “中国旅游业发展是否支持了区域绿色发展？”这一问题的实质是探讨旅游业发展对区域整体绿色发展的影响，本书将其表述为“旅游业绿色发展效应”。并在 2.2.3 中对“旅游业绿色发展效应概念”进行了界定。

1.1 研究背景与研究意义

1.1.1 研究背景

1.1.1.1 国家战略层面：坚持落实生态优先，全面推动绿色发展

改革开放 40 多年来，正如图 1-1 所描绘的一样，中国创造了人类经济发展史上的“中国奇迹”[1]。根据国家统计局数据，在考虑相关指数平减的情况下，这一时期中国 GDP 增长了 33.5 倍，人均 GDP 增长了 22.8 倍①，经济总量跃居世界第二位。虽然取得了举世瞩目的经济成就，但中国是世界上最大

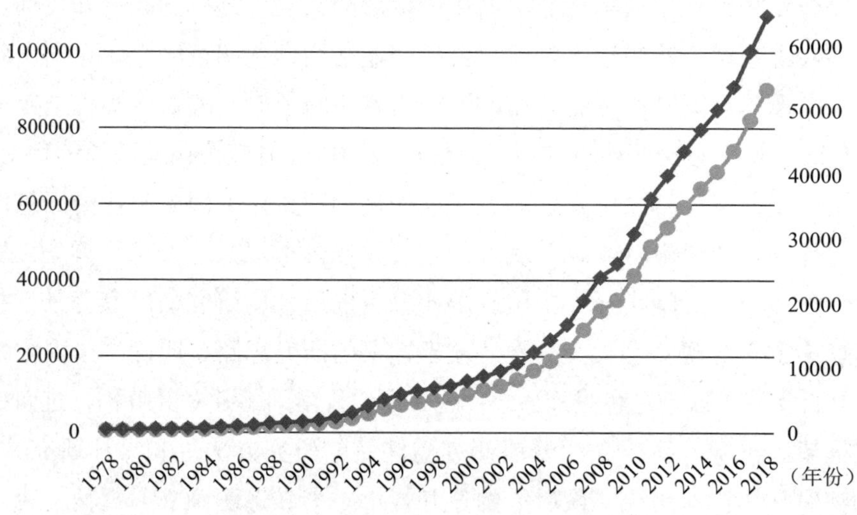

图 1-1　中国经济增长趋势

Fig 1-1　Trend of China's Economic Growth

① 数据来源：国家统计局，《波澜壮阔四十载 民族复兴展新篇——改革开放40年经济社会发展成就系列报告之一》。

的发展中国家，同时也是世界人口最多的国家的基本国情没有变。中国依旧同时面临着最迫切的发展要求和最紧张的人地关系。在日益严峻的资源环境刚性约束下，长期以来所实行的高投入、高能耗、高排放、低效率的粗放式经济发展方式变得不可持续、难以为继。而且由此引发的能源资源紧缺、水与大气污染、生态系统退化等生态环境问题也变得愈发严重，已经直接威胁和影响到我国人民的生活质量和生命健康。

在此背景下，党和政府在变革经济发展方式，推动经济转型升级，促进人与自然和谐发展等方面进行了大量探索和实践。党的十八大报告把生态文明建设列入“五位一体”的中国特色社会主义总体战略布局，并要求将生态文明融入经济建设、政治建设、文化建设、社会建设各方面和全过程。十八届三中全会提出围绕建设美丽中国，建立系统完整的生态文明制度体系。十八届五中全会提出树立“创新、协调、绿色、开放、共享”发展理念。十九大报告更是发出政治宣言，“必须树立和践行绿水青山就是金山银山的理念，坚持节约资源和保护环境的基本国策，像对待生命一样对待生态环境，形成绿色发展方式和生活方式，建设美丽中国。”根据国家统计局数据绘制的中国环境污染治理投资趋势（图 1–2），可以直观地发现 2004 年后中国环境污染治理投资总额持续上升，至 2017 年达到 9538.95 亿元，增长近 5 倍。而中国工业污染治理完成投资则在 2010—2014 年迅速攀升，5 年间短期增长近 2.5 倍。两项污染治理投资指标从一个侧面展现了国家和全社会实现生态环境改善的迫切诉求和决心。目前，中国经济由高速增长阶段转向高质量发展阶段，污染防治攻坚战取得阶段性成效，“生态优先、绿色发展”国家战略稳步实施且深入人心，并将在未来很长一段时期成为中国经济实现高质量发展的主要方式和动力。置于生态文明建设和绿色发展时代背景下的中国旅游经济增长，显然具有特殊意义。探讨中国旅游业绿色发展效应议题，将实现中国旅游业发展与“生态优先、绿色发展”国家战略的必要呼应。

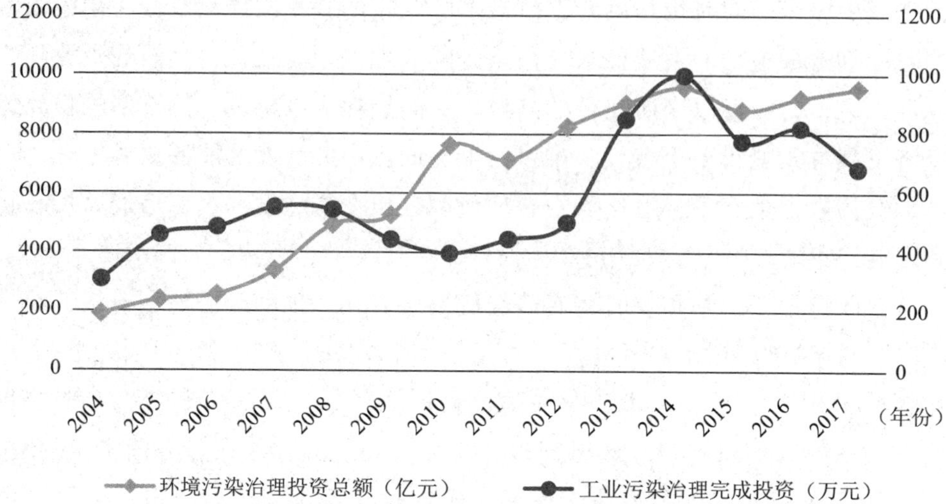

图 1-2 中国环境污染治理投资趋势

Fig 1-2 China's Investment in Environmental Pollution Control

1.1.1.2 产业发展层面：旅游经济规模壮大，产业地位不断提高

旅游业是践行“两山理论”[2]和满足人民日益增长的美好生活需要[3]的重要载体。有赖于中国宏观经济长时期持续增长，旅游供给侧结构性改革的推进[4]，以及旅游消费环境不断改善[5]，中国旅游经济规模持续扩张，旅游业在国民经济中地位不断增强。根据国家旅游局《2018 年全国旅游工作报告》中的数据，2017 年旅游业对国民经济和就业综合贡献率均已超过 10%。根据国家统计局统计数据，本书以旅游总收入、旅游总人次两项常见的衡量旅游产业规模的总量指标以及与之相对应的旅游专业化水平①、旅游人次比②两项结构指标，绘制了 1999③—2018 年中国旅游经济增长趋势图（图 1-3）。这幅图像直观展现了最近 20 年中国旅游经济蓬勃发展的图景。具体而言，旅游总收入、旅游总人次两项规模指标分别增长 7.17 倍和 14.92 倍，截至 2018 年，

① 旅游专业化水平：国际学术用语，指旅游产业收入与 GDP 之比。

② 旅游人次比：国际学术用语，指旅游总人次与人口数之比。

③ 1999 年中国开始施行“黄金周”休闲度假制度。

中国国内旅游突破 55 亿人次，入境游客人数达 1.4 亿人次，国内旅游收入达 51278.29 亿人民币，国际旅游外汇收入达 1271.03 亿美元。两项结构指标中，旅游专业化水平在 1999—2008 年出现波动，但是在 2009 年国务院颁布《关于加快发展旅游业的意见（国发〔2009〕41 号）》首次将旅游业明确定位为

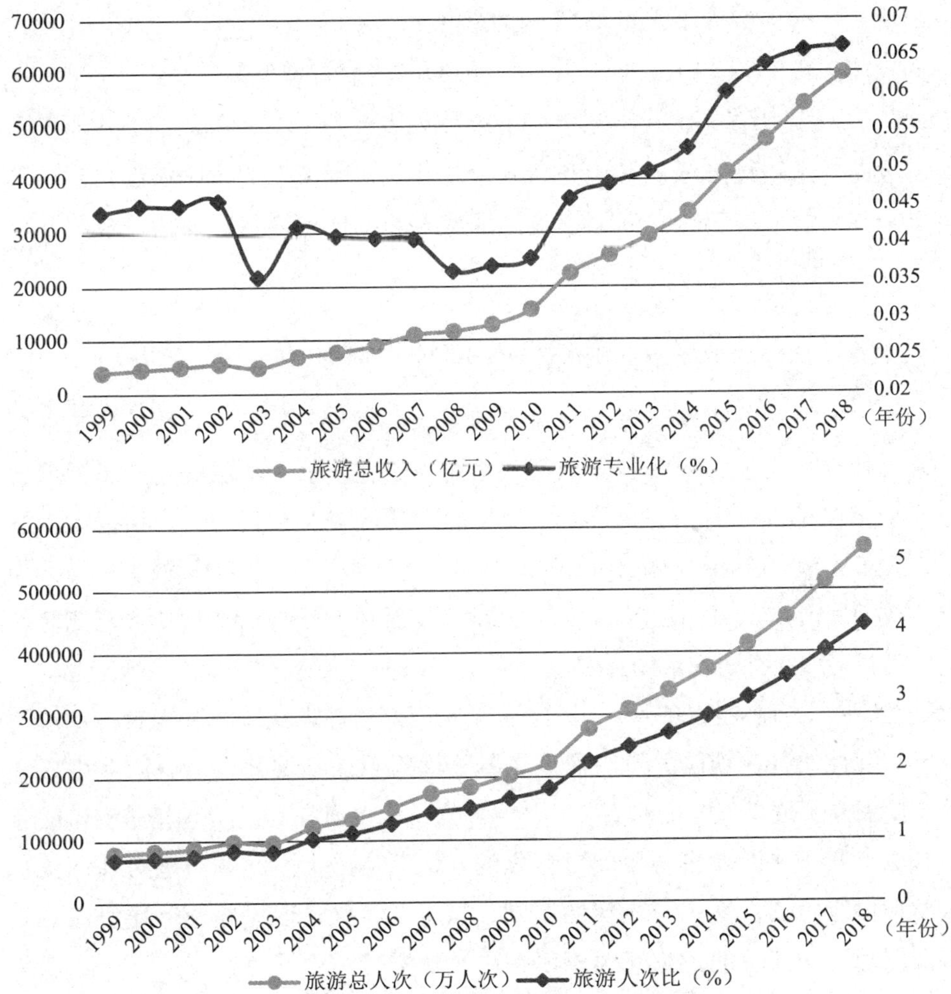

图 1-3　中国旅游经济增长趋势

Fig 1-3　Trend of China's Tourism Economy Growth

“国民经济战略性支柱产业和人民群众更加满意的现代服务业”之后，旅游专业化水平进入迅速提升阶段并一直持续至今。另一个结构指标旅游人次比指标则基本保持与旅游总人次耦合变化趋势，20 年间持续上扬，增长约 5.5 倍。近年来，随着国家全域旅游战略实施，“旅游 +”产业融合不断推进，旅游业作为支柱产业发挥的综合带动效应、产业融合效应与产业示范效应日益凸显。上述事实和数据延伸出本书的一个重要思考：既然旅游业已经成为国民经济中的重要组成部分，同时又作为传统视域和认知下的“无烟工业”和“绿色产业”，那么在生态优先、绿色发展的国家战略背景下，发展旅游是否真的能够有效助推中国经济绿色转型和高质量发展？这既是有关中国旅游发展价值诉求与现实使命的实践之问，也是论证旅游业绿色属性的理论之问，显然值得关注。

1.1.1.3 理性认知层面：旅游业绿色产业属性外部性的认识缺位

对“中国旅游业发展是否支持了区域绿色发展？”这一问题进一步加以解构，其内在地包含狭义和广义两个层面的内容。第一个层面是，中国旅游业自身发展是否绿色？也就是从狭义层面判断旅游业是否绿色。根据世界旅游组织（World Tourism Organization，WTO）估算①，旅游碳排放占全球人为碳排放的 4.9%[6]，以及包括旅游生态效率研究中关于旅游非期望产出测算在内的大量诸如此类研究数据[7][8][9][10]使得目前有关旅游产业“无烟工业”和“绿色产业”产业属性的论断，已经由先入为主的通识认知发展为较为审慎的判断。除此之外，现阶段不少研究者基于微观目的地层面，对旅游业生态环境效应展开了成果颇丰的研究[11][12][13][14]，相关研究利用实地调研测量或遥感数据考察了旅游业自身发展过程中的环境污染、生态问题，这对理性认知旅游业的绿色属性奠定了充实的基础，积累了经验。但显然，上述研究对旅游业绿色产业属性的讨论仅仅停留在旅游业本身是否绿色这一层面。那么关于上述问题另一个层面的解构应当是——中国旅游业发展能否推动区域整体

① 该估算并未包含食物、住宿和购物的碳排放量，因此真实数值较估算结果可能更高。

实现绿色发展？也就是从广义层面理解旅游业是否具有绿色产业属性。鉴于旅游产业良好的综合带动性，旅游产业之于旅游目的地整体绿色发展的“外部性”考察成为亟须受到关注的议题。然而，现阶段有关旅游业绿色产业属性的溢出效应认识尚且缺位。值得庆幸的是，已有学者关注到这一议题的重要性，对旅游发展向区域整体污染物排放开展实证研究，发现中国绝大多数城市的旅游产业集聚对目的地城市环境污染改善能够起到一定促进作用[15]。但是，绿色发展并非单纯强调环境友好和污染减排，而是强调在资源环境约束下实现社会发展和经济增长[16]，兼有经济增长和生态环境保护双重内涵。这意味着仅仅探讨旅游业对区域整体环境改善的作用只回答了旅游业绿色产业属性溢出效应的部分答案。因此，有必要将旅游业带来的经济增长效应和生态环境效应两个领域议题纳入同一分析框架中进行综合考察。丰晓旭（2018）率先做出了理论探讨，论述了全域旅游推动区域绿色发展的机理[17]，但该研究仍停留在理论阐释层面。正是基于旅游业绿色产业属性溢出效应理性认知的缺位，使得利用实证研究丰富并深化这一议题的研究具有重要价值。

1.1.2 研究意义

1.1.2.1 理论意义

1. 有利于丰富旅游经济学的外部性研究内容

旅游发展的外部性研究一直是国内外旅游经济学的热点研究议题。目前对于旅游发展的外部性研究多是从经济外部性角度进行的。旅游发展的经济外部性研究发轫于20世纪80年代[18]，初期基于理论层面展开，在21世纪初出现实证研究[19]。特别是旅游导向型经济增长假说（Tourism-led growth hypothesis，TLGH）[20]的提出和验证已成为旅游经济学界热衷的研究焦点。显然，经济外部性只是旅游发展所产生的诸多外部性的一个方面。虽然旅游发展的环境外部性已经受到学术界广泛关注，并取得了大量研究成果，但是这些研究大部分是基于地理学、生态学、环境科学等学科框架和研究范式进行的，而且研究尺度较为微观（该结论由第2章文献计量分析得出）。可见经济学并未发挥其定量研究外部性的先天优势，旅游经济学在旅游环境外部性的研究上，大大滞后于其他学科。本书正是在经济学分析框架下，应用复合的经济学分析方法，深入探讨旅游业对区域绿色发展影响的事实和特征，将旅游经济学的旅游外部性研究从经济外部性拓展到经济与环境的综合外部性上，进而丰富旅游经济学的外部性研究内容体系。

2. 有利于探索旅游业绿色发展效应的研究框架

本书在探讨“中国旅游业发展是否支持了区域绿色发展？”这一核心问题时，尝试构建“关系—空间—时间”的三维解构研究框架。在宽泛和抽象的意义上，“关系—空间—时间”三维度其实是理性认知和分解客观世界复杂问题的基本框架。顺着这一研究框架，本书将实现中国旅游业绿色发展效应问题的分解和剥离，并做逐一回应。首先，基于关系维度解构，本书通过构建面板回归模型，考察旅游业发展与目的地城市绿色全要素生产率改善之间的因果事实，也就是论证旅游业绿色发展效应的存在性。在此基础上，通过构建面板平滑转化模型、面板门槛模型进一步探讨城市经济异质性下，旅游业促进城市绿色全要素生产率的非线性关系。基于空间维度解构，本书首先依托探索性空间分析对城市绿色全要素生产率、绿色技术效率、绿色技术进步、旅游业发展等关键变量的空间集聚特征和相关性进行分析。如果存在显著的空间特征，则进一步探讨旅游业影响区域绿色发展过程中是否存在空间溢出效应。最后，基于时间维度解构，本书通过时空格局演化研究，揭示了城市绿色全要素生产率、绿色技术效率、绿色技术进步单变量，以及上述变量与旅游业发展双变量关联的时间动态特征。最终构建起较为全面科学的旅游业绿色发展效应研究框架，并可为后续相关研究提供借鉴。

3. 有利于厘清旅游业绿色发展效应的细节特征

本书在理论上阐释旅游业绿色发展效应机理的基础上，通过计量方法对中国旅游业绿色发展效应的典型事实进行证实。但不仅限于此，中国旅游业绿色发展效应具有何种特征则是本书拟解决的第三个关键问题。借助构建的

“关系—空间—时间”三维解构的研究框架，本书进一步展现旅游业绿色发展效应的细节特征，这些特征包括旅游业影响城市绿色全要素生产率的路径，旅游业影响城市绿色全要素生产率、绿色技术效率、绿色技术进步的空间溢出特征，旅游业影响城市绿色全要素生产率、绿色技术效率、绿色技术进步的平滑转换特征和门槛特征，以及一项拓展性研究旅游业发展质量对区域绿色发展的非线性特征。通过对这些细节特征的实证揭示，将加深旅游业绿色发展效应的理论认识，丰富旅游业绿色发展效应的理论内涵，并有利于更好地提出政策建议。

1.1.2.2 实践意义

1. 有利于提升旅游业在国民经济体系中的产业地位

通常对于旅游产业地位的认识是从经济角度出发的，相关数据显示，2017年中国旅游业综合贡献为8.77万亿人民币，对国民经济综合贡献率达到11.04%，旅游直接就业2825万人，旅游直接和间接就业8000万人，对社会就业综合贡献率达10.28%[①]，旅游业已经成为名副其实的国民经济战略性支柱产业。但是在中国生态优先、绿色发展的战略背景下，产业发展的价值目标并非单一实现经济增长，还要能为美丽中国建设和实现绿色发展提供驱动力。这意味着，具有绿色属性的旅游业不仅需要发挥经济作用，还需要成为绿色发展的样板产业，成为拉动区域整体绿色发展的“绿色驱动力”。本书通过测算旅游业绿色发展效应，从实证层面考察旅游业促进目的地城市整体绿色发展的正向作用，论证旅游业是一项“绿色支柱产业”，从而深化各界对旅游业绿色产业属性的科学认识，进而促进其在现阶段我国国民经济体系中的产业地位提升。

2. 有利于推动旅游产业升级和供给侧结构性改革

“我们既要绿水青山，也要金山银山。宁要绿水青山，不要金山银山，而且绿水青山就是金山银山”[②] 这是习近平总书记对于人与自然关系、经济发展

① 数据来源:《2018年全国旅游工作报告》。

② 引自2013年9月7日习近平总书记在哈萨克斯坦纳扎尔巴耶夫大学的演讲。

同生态保护关系生动而深刻的论述。践行“两山理论”是旅游业发展的应有之义。目前，中国旅游业已经逐渐转入优质旅游和高质量发展阶段，助推生态文明建设和绿色发展，是新时期中国旅游业发展的价值诉求之一。在绿色发展背景下，从产业规模、产业结构、产业要素等多个维度，亟须展开旅游产业升级和供给侧结构性改革，并且产业升级和供给侧结构性改革的目标不但关注于经济效益的提升还关注于绿色产业属性的充分释放。中国旅游业发展能否实现这一价值诉求，这是本书主要回应的问题。本书分别从旅游业规模角度（例如，旅游总收入、旅游接待总人次等）和旅游业质量角度（旅游消费水平）构建代理变量，从而从规模和质量双重角度，探讨旅游业对旅游目的地绿色发展的影响，进而为引导旅游产业升级和供给侧结构性改革方向提供理论支撑。

3. 有利于为区域生态文明建设和绿色发展提供决策参考

旅游业绿色发展效应的研究，将为制定以实现绿色发展为目标导向的区域发展战略提供一个重要方向。旅游业具备很强的综合带动性和产业融合性，并且对于区域整体绿色发展存在产业关联融合、产业结构替代、发展环境优化、对外开放扩大等作用渠道。这为从旅游业发展视角提出区域产业结构优化调整政策提供了现实依据。具体而言，首先通过对旅游业绿色发展效应的机理阐释，确定旅游业支持区域绿色发展的可能性。其次，通过对旅游业绿色发展效应的事实分析，明确旅游业导向下的区域生态文明建设和绿色发展战略的现实性和可行性，及其实施效果。在此基础上，分别从空间视角和非线性视角揭示旅游业绿色发展效应的空间溢出效应和平滑转换效应，将对制定旅游业导向下的区域生态文明建设和绿色发展战略提供更加具体的理论依据，有利于区域更加充分地发挥旅游业的绿色属性，进而实现区域整体的绿色发展。

1.2 研究内容与研究框架

1.2.1 研究内容

总体来说，本书旨在从机制、事实与特征三阶段，回答“中国旅游业发展是否支持了区域绿色发展？”这一核心问题。具体而言：首先，从理论分析层面阐述旅游业促进旅游目的地城市绿色全要素生产率的机理分析。其次，实证探讨旅游业发展与旅游目的地城市绿色全要素生产率的因果关系。再次，进一步深入探索旅游业影响旅游目的地城市绿色全要素生产率的路径，以及存在的空间溢出效应、平滑转化效应、门槛效应等特征。最后，提出中国旅游业助推区域绿色发展的政策建议。

1.2.1.1 研究思路

本书坚持科学问题导向，在生态文明建设和绿色发展的国家战略背景下，根据文献理论综述结果和产业发展现状，第一，确立本书的核心研究问题，即论证“中国旅游业发展是否支持了区域绿色发展”？第二，在核心研究问题下，分解出四大基本研究任务，即“旅游业绿色发展效应的机理分析”“基于绿色全要素生产率的城市绿色发展水平评价”“中国旅游业绿色发展效应的测度及特征”“中国旅游业助推区域绿色发展的政策建议”。第三，确立“质性研究与量化研究相结合”“全面关照与重点突出相结合”“问题研究与对策研究相结合”三大研究方法论。第四，针对上述核心研究问题和基本研究任务，选择包括文献计量研究、GIS 空间数据处理与分析方法、EBM-Global Malmquist-Luenberger 模型、非线性面板计量模型、空间面板计量模型等在内的具体研究方法开展针对性研究。第五，融合包括社会经济统计数据、多源遥感影像数据（PM2.5 气溶胶反演遥感数据、DMSP/OLS 夜间灯光数据、中国土地利用现状遥感数据）等不同类型的多源数据，以支撑本研究的尺度细化和实证推进（见图 1-4）。

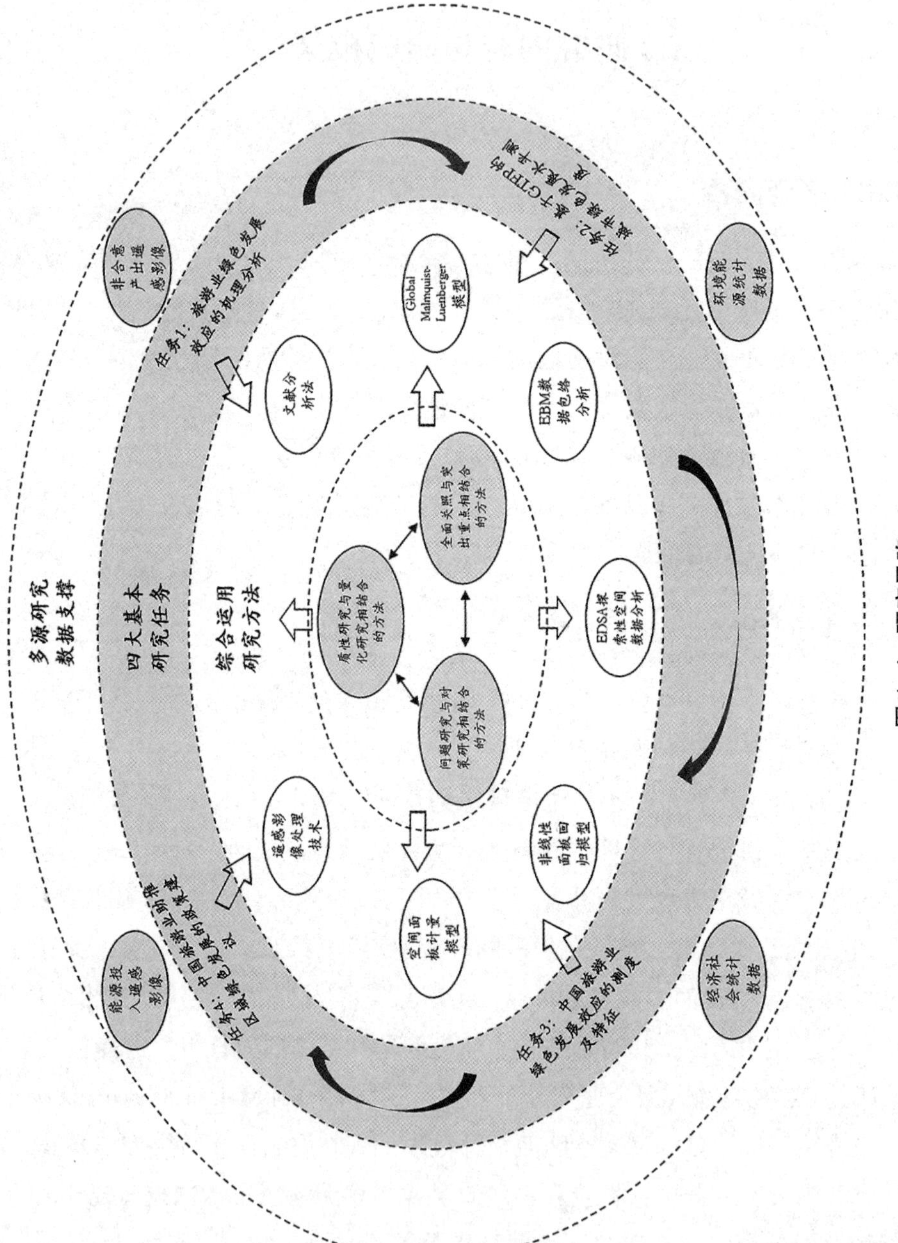

图 1–4　研究思路

Fig 1–4　Research Ideas

1.2.1.2 研究问题

1. 旅游业绿色发展效应的机理研究

此研究问题是整个研究的理论基础，本书通过相关文献梳理和理论推演，从理论上构建和阐释旅游业促进区域绿色发展（绿色全要素生产率）可能存在的影响机制框架。首先，在认识绿色全要素生产率及其增长源泉（绿色技术效率、绿色技术进步）的基础上，从效应（融合效应、优化效应、倒逼效应）、路径（产业关联融合、产业结构调整、发展环境优化、对外开放扩大等）、作用（技术引进、技术创新、配置效率提升、生产效率提升、规模效率提升等）三个方面剖析旅游业影响区域绿色发展的机理过程并绘制相应机理图谱。其次，在前述论证的基础上，进一步阐释旅游业对绿色全要素生产率影响所具有空间溢出效应以及非线性效应的理论基础。最终构成整个研究的理论基础。

2. 城市绿色发展水平的测度与时空分析

城市绿色发展水平是实证研究中的被解释变量，所以科学评价城市的绿色发展水平成为本书十分重要且需要前置解决的一环。本书通过文献计量研究的方式，梳理了绿色发展水平评价的学术进展和趋势，并选取绿色全要素生产率作为城市绿色发展水平的衡量指标。目前，针对区域的绿色全要素生产率的测度技术路线已经较为成熟，本部分研究主要有四个阶段。首先，城市绿色全要素生产率测度指标体系的构建，具体就是确立投入指标、期望产出指标、非期望产出指标。在投入指标和非期望产出指标的部分，本书将纳入基于多源遥感影像数据的多项指标。其次，研究数据的制备，主要是搜集统计年鉴上的经济社会环境指标数据并对缺失值进行补齐，以及用GIS技术处理多源遥感影像数据成为直接可用的面板数据。再次，是利用EBM模型和Global Malmquist-Luenberger模型对城市绿色全要素生产率进行测度，并将其分解为绿色技术效率、绿色技术进步。最后，利用分区统计、ESDA探索性空间数据分析对测得的城市绿色全要素生产率在区域差异、时序变化、空间集聚等方面进行全面分析。

3. 旅游业绿色发展效应的事实及特征

在完成基于绿色全要素生产率的城市绿色发展水平评价以及空间分析的

基础上，本书聚焦事实和特征两个方面，实证检验中国旅游业绿色发展效应是否存在，倘若存在，则进一步探讨中国旅游业绿色发展效应的特征。这是本书的核心研究问题，本部分研究分四个阶段。第一，根据旅游业绿色发展效应的机理分析，以及对区域绿色全要素生产率影响因素研究的系统梳理，科学地选取城市绿色全要素生产率的影响因素。将旅游业发展作为核心解释变量，并分别从旅游规模、旅游质量等角度构建代理变量。控制变量则涉及经济发展水平、产业结构、创新能力、对外开放水平、环境规制水平、政府干预程度等方面。第二，运用普通面板回归模型，对中国旅游业绿色发展效应的基本事实进行参数估计和稳健性检验。第三，进一步揭示中国旅游业促进城市绿色全要素生产率增长的源泉特征，即是通过促进绿色技术效率还是绿色技术进步实现了绿色发展效应。第四，运用空间面板回归模型、PSTR 面板平滑转化模型等手段，描绘空间视角和非线性视角下中国旅游业绿色发展效应的细节特征。

4. 旅游业助推区域绿色发展的政策建议

该研究问题是整个研究的落脚点，本书在绿色发展思想、可持续发展理论等指导下，在"绿水青山就是金山银山""共抓大保护，不搞大开发"的重要指示下，根据前文研究实证结果，围绕中国旅游业发展的质量和效率提升，提出旅游业更好助推区域绿色发展的对策和建议。在中国实践情境下，促进旅游业绿色属性得以充分释放，发挥巨大的生态效益、经济效益、社会效益，成为实现生态文明建设和绿色发展的重要推动力。

1.2.1.3 研究区域

本书以中国地级及以上城市为研究尺度，结合城市尺度数据的可获性，共涉及 284 个地级及以上城市为研究区域，时间序列区间设置为 2005—2016 年共计 12 年[①]。

1.2.2 研究框架

本书的基本框架安排如下：

① 测算城市绿色全要素生产率的投入产出数据从 2004 年开始。

第 1 章为绪论。概述本书的研究背景与研究意义、研究框架与研究内容、研究方法与技术路线、研究创新与研究特色等内容。

第 2 章为文献综述与概念界定。着重对涉及本书主题的旅游业绿色发展效应、区域绿色发展水平测度等内容进行文献梳理和评价，并界定本书涉及的核心概念。

第 3 章为城市绿色发展水平测算：基于绿色全要素生产率。主要涉及中国 284 个地级及以上城市的绿色全要素生产率测度，包括测算方法选择、指标体系构建、数据来源、实证测算与分解等内容。在此基础上，进一步用 ESDA 探索性空间数据分析方法揭示城市绿色全要素生产率的时空格局及其演化过程，并对其空间相关性进行测度，为后文空间溢出效应研究做先验性判断。

第 4 章为中国旅游业绿色发展效应：基本分析。首先，通过文献研究法，从理论层面构建旅游业绿色发展效应的模型框架，梳理旅游业影响区域绿色发展的机制、效应、路径，为实证研究的开展做好理论支撑。其次，构建以旅游业发展为核心解释变量、绿色全要素生产率为被解释变量的面板计量模型，在此基础上进行旅游业绿色发展效应的初步估计、内生性处理与稳健性检验。最后，分别以绿色技术效率、绿色技术进步为被解释变量进一步识别旅游业促进绿色全要素生产率提升的源泉。

第 5 章为中国旅游业绿色发展效应：空间视角。进一步从空间视角探讨中国旅游业绿色发展效应的空间溢出特征。包括空间自相关检验、空间计量模型构建与选择，以及基于点估计和偏微分估计的面板空间杜宾模型所揭示的中国旅游业绿色发展效应的空间溢出效应分析。

第 6 章为中国旅游业绿色发展效应：非线性视角。将普通面板模型和面板空间计量模型得到的线性结论进一步扩展，从非线性视角出发，构建面板平滑转换模型考察中国旅游业绿色发展效应的非线性动态特征，并运用面板门槛模型进行稳健性检验。在经济高质量发展背景下，将研究话题进行拓展，探讨旅游业发展质量影响目的地城市绿色发展的非线性关系。

第 7 章为主要结论和研究展望。对本书的实证研究结果进行凝练，提出主要研究结论和学术观点。根据研究结论提出中国旅游业助推区域绿色发展的政策建议。同时还对本书的不足之处进行反思，并指出未来下一步研究的方向。

1.3 研究方法与技术路线

1.3.1 研究方法

围绕核心研究问题，从研究方法论和具体研究方法两个层面构建本书的方法体系。其中研究方法论基于核心研究问题，反映本书的总体研究思路和研究视角，而具体研究方法则基于基本研究任务，侧重对应解决各种研究问题。

1.3.1.1 研究方法论

1. 质性研究与定量研究相结合

本书既包含理论研究过程，也包含实证研究过程。在对旅游业影响区域绿色发展的机理过程阐释时，主要采用文献研究、归纳推理的质性研究方法。在城市绿色全要素生产率测算及分析、中国旅游业绿色发展效应估计的实证主体部分，主要采用经济学定量研究。

2. 全面关照与重点突出相结合

本书涵盖的研究内容十分丰富，因为涉及旅游经济与城市绿色发展两个系统的独立研究和整合研究，所以在研究对象、研究数据、研究方法上涉及面较大。为了避免造成研究不聚焦，本研究的开展需要突出重点，即重点关注测度旅游业对区域绿色发展影响效应的大小、探讨旅游业绿色发展效应是否存在空间溢出特征、非线性特征等，并尽可能在研究结论上体现理论创新。

3. 问题研究与政策研究相结合

“中国旅游业发展是否支持了区域绿色发展？”既是一个理论问题也是一个现实问题。解决理论问题的目标在于解释带有流动性和综合性特征的旅游经济活动影响区域绿色发展的路径，解决现实问题则是要回应旅游业的产业属性之问，回答未来中国旅游业发展如何响应生态优先、绿色发展的国家战略。这就涉及一系列政策的提出，此为本书的落脚点和实践价值。

1.3.1.2 具体研究方法

1. EBM-Malmquist-Luenberger 模型

EBM（Epsilon-based measure，译为非参数混合径向测量）模型能够兼容投入前沿值与实际值的径向比例，以及投入差异化的非径向松弛。本研究将纳入环境非期望产出，选择超效率参数，测度区域绿色发展效率。在此基础上，联合运用 Global Malmquist-Luenberger 模型进一步测度区域绿色全要素生产率，并对指数分解为绿色技术效率（GEC）、绿色技术进步（GTC），以实现旅游业影响绿色全要素生产率作用路径的识别。上述模型主要通过 MaxDea 软件实现。

2. ESDA 探索性空间数据分析

ESDA（Exploratory Spatial Data Analysis，译为探索性空间数据分析），是一系列空间数据分析方法和技术的集合，它以空间关联测度为核心，通过对事物或现象空间分布格局的描述与可视化，发现空间集聚与空间异常，并揭示研究对象之间的空间相互作用机制[21][22]。本书拟涉及时空演化分析、全局空间自相关分析、局部空间自相关分析、双变量局部空间自相关分析等具体方法。本书运用上述方法分析区域绿色发展水平的时空规律以及判断其是否存在空间自相关性，主要通过 ArcGIS 软件和 GeoDa 软件实现。

3. 空间面板计量模型

在有关区域问题的研究中，一个不容忽视的现象即是区域之间的空间相关性，这就要求将空间效应纳入考虑。目前学术界使用较多的空间计量模型主要包括 SPLM（Spatial Panel Lag Model，译为面板空间滞后模型）、SPEM（Spatial Panel Error Model，译为面板空间误差模型）以及 SPDM（Spatial Panel Dubin Model，译为面板空间杜宾模型）[23][24][25][26]等。本书运用该方法探讨旅游业绿色发展效应是否存在空间溢出，主要通过 Matlab 软件和 STATA 软件实现。

4. 非线性面板模型

普通面板计量模型和空间面板计量模型均属于线性模型。本书可能涉及的非线性面板模型包括 PTR（Panel Threshold Regression，译为面板门槛模型）[27]及PSTR（Panel Smooth Transition Regression，译为面板平滑转化归回模型）[28]。本书运用上述方法探讨旅游业绿色发展效应是否存在非线性特征，主要通过R软件实现。

1.3.2 技术路线

根据总体研究思路和具体研究内容，本书构建以下技术路线实施研究。

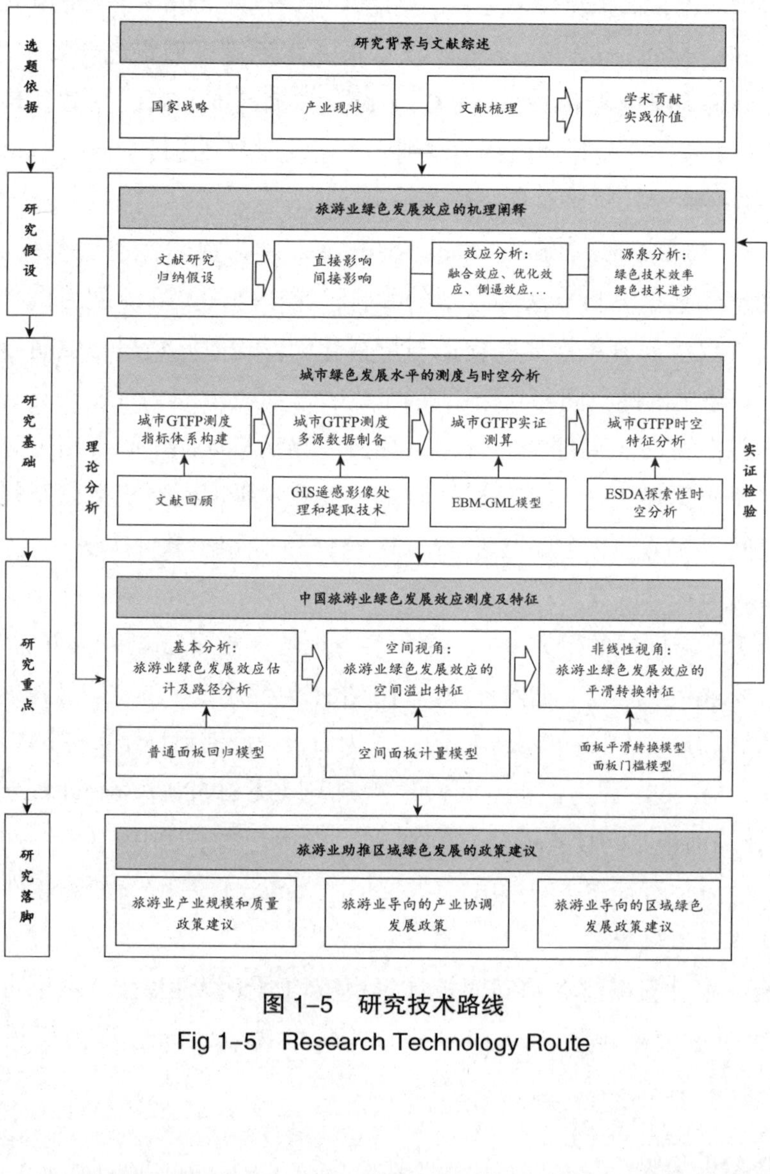

图1–5 研究技术路线

Fig 1–5 Research Technology Route

1.4 研究创新与研究特色

1.4.1 研究选题创新

本书选题是基于“生态优先、绿色发展”和产业结构优化调整等国家战略背景下提出的。一方面，既有研究对旅游业产业效应的认识多停留在经济增长效应和生态环境效应两个方面。根据文献计量结果，由于未按照相对统一的研究范式和研究框架展开，这两个领域的研究独立而行，并未产生良好的对话。具体表现为旅游业的经济增长效应研究多基于经济学分析框架，从宏观经济层面，利用时间序列数据或面板数据对 TLGH 旅游导向型经济增长假说进行验证。而旅游业的生态环境效应研究则更多基于地理学分析框架，从旅游目的地微观层面，利用实地调研测量或遥感数据对旅游业自身发展过程中的环境污染、生态问题进行阐释。不论是从旅游业的产业属性看，还是从学术研究看，这种相对割裂的研究现状显然应该得到破解。本书选题就是面对这一研究“沟壑”提出的，尝试在旅游业的经济增长效应研究与生态环境研究之间搭建通道。而绿色发展的本质是在资源环境约束下实现可持续发展，因此，绿色发展效应恰好就是打开这一通道的钥匙。探讨旅游业绿色发展效应是从实证角度论证旅游业绿色产业属性，且这一论证将超越旅游业本身发展是否绿色这一层面，而上升至旅游业绿色效应的溢出层面，这成为本书的一个关键创新。

1.4.2 研究视角创新

本书对旅游业绿色发展效应的考察具有研究视角上的创新。具体表现为利用“关系—空间—时间”三维解构对旅游业绿色发展效应科学问题进行分解，并且按照“由浅至深”的梯度方案实施研究：第一，关系维度解构与研究推进。聚焦探讨旅游业发展与目的地绿色全要素生产率关系，由相关分析识别的两个变量间的相关关系，到构建线性面板计量模型，考察旅游业发展与目的地城市绿色全要素生产率改善之间的因果关系，再进一步将线性关系研究拓展至旅游业促进城市绿色全要素生产率平滑转换特征的非线性关系研究。第二，空间维度解构与研究推进。首先，依托GIS可视化技术，初步识别城市绿色全要素生产率、绿色技术效率、绿色技术进步、旅游业发展的空间集聚特征。其次，运用探索性空间分析对上述变量的空间相关性进行分析，最终深化到旅游业影响区域绿色发展过程中是否存在空间溢出效应研究。第三，时间维度解构与研究推进。主要涉及城市绿色全要素生产率、绿色技术效率、绿色技术进步单变量时空演化特征，以及上述变量与旅游业发展关联的双变量时空演化特征的识别（见图1–6）。

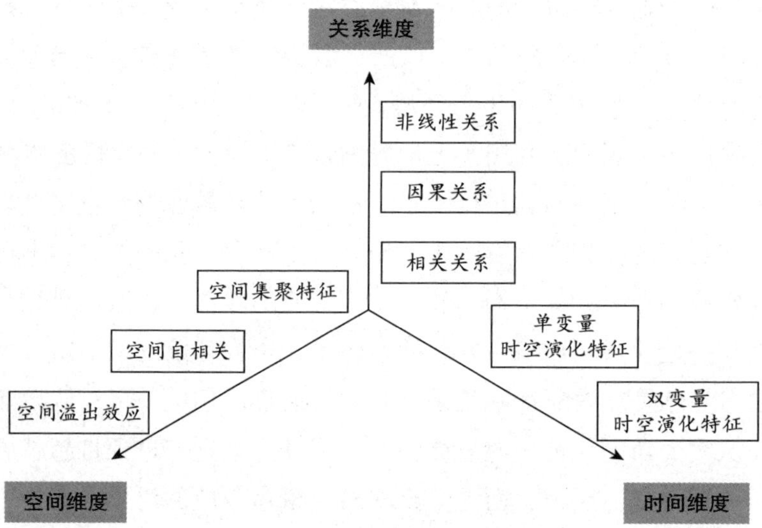

图 1–6　研究问题的三维解构

Fig 1–6　3D deconstruction of research problems

1.4.3 数据应用创新

由于本书涉及旅游业发展和绿色发展两个系统，研究数据涉及面广，同时本研究设计深入到地级市的研究尺度，这就需要面对所涉及环境非期望产出等未纳入年鉴统计序列的指标可获性的问题。GIS 遥感数据处理技术为本书的数据创新提供了可能。本书数据来源上覆盖国内、国外，数据种类上包括社会经济统计数据、多源遥感影像数据等。预期涉及的研究数据具体有：中国土地利用现状（LUCC）遥感监测数据，DMSP/OLS 全球夜间灯光数据，全球 PM2.5 反演数据，以及社会、经济、环境统计年鉴数据。数据创新为城市尺度研究和提高研究精度提供了可能。

第 2 章

文献综述与概念界定

2.1 文献综述

经历了旧式环境伦理下经济发展方式所带来的包括生态环境污染、资源能源短缺、生态多样性破坏、全球气候变化在内的诸多全球性生态危机的阵痛，生态文明、绿色发展成为人类发展的主旋律。旅游业能否成为促进生态文明建设和绿色发展的重要推动力是本书关注的焦点。在开展旅游业绿色发展效应实证研究之前，首先全面回顾、整理和评述旅游业绿色发展效应研究、区域绿色发展水平测度研究等与本书紧密相关的研究领域成果，其次界定本书涉及的核心概念。

2.1.1 旅游业绿色发展效应研究

绿色发展并非单纯强调环境友好和污染减排，而是强调在资源环境约束下实现社会发展和经济增长[16]，兼有经济增长和生态环境保护双重内涵。因此从联系最紧密的研究领域看，旅游业绿色发展效应至少应包含旅游业对经济增长的影响以及对生态环境的影响两个部分。本文献综述将分别从旅游业的经济增长效应研究、旅游业的生态环境效应研究、旅游业绿色发展效应研究三个部分进行梳理，由于旅游业经济增长效应研究、旅游业生态环境效应研究两个领域的研究受到学术界长期关注，已经积累了丰硕的研究成果。为了从全局了解上述两个领域的研究现状和趋势，本书采取文献计量和知识图谱的形式进行文献梳理。对于旅游业绿色发展效应研究，由于既有成果有限，仍采取传统综述方式进行文献梳理。

2.1.1.1 旅游业经济增长效应研究

旅游发展的经济增长效应研究是旅游经济学领域的核心议题。研究成果从理论阐释走向实证研究，研究方法和内容不断深化，研究案例的持续丰富，形成了一定规模的研究成果。这为利用文献计量的方式进行文献梳理，进而从这些研究成果中发现规律性认识提供了可能。下面将分别从 WOS 数据库和 CSSCI&CSCD 数据库查询和筛选旅游业经济增长效应相关文献，分析国外与国内旅游经济增长效应的研究格局和规律。

1. 国外旅游业经济增长效应研究现状

选择 WOS 核心数据合集中的 SCIEXPANDED、SSCI 数据集。为保证旅游业经济增长效应研究文献不被遗漏，以“宽口径、细筛选”为原则，设置检索主题为“tourism economic growth”，时间跨度选择所有年份，选择“article”“review”和“proceeding paper”精炼筛选，最终检索出相关文献共计 1556 篇。为避免检索结果中含有无效或重复文献，将所检索出的文献进行筛选，再导入 Citespace 文献计量软件中进行“关键词”的研究热点聚类并可视化，结果如图 2-1 所示。

文献计量结果显示，国外旅游发展的经济增长效应研究格局中：“tourism”“economic growth”“growth”关键词居于聚类的核心位置，且出现频次最多。“hypothesis”关键词表明 TLGH 旅游导向型经济增长假说是旅游业经济增长效应研究的重要议题。在国外空间溢出相关文献中：①研究方法上，“model”“panel data”“time series”“unit root”“cointegration”等高频关键词表明国外旅游发展的经济增长效应研究多是基于经济学框架下展开的实证研究，且呈现出由时间序列数据研究到面板数据研究的深化过程。②研究问题上，“energy consumption”“sustainability”“climate change”等高频关键词表明国外旅游发展的经济增长效应研究还经常与能源、可持续、气候变化等生态环境问题联合起来进行研究，逐渐形成话题的完善和转向。③研究区域上，“Turkey”“China”高频关键词则表明这两个发展中国家是国外旅游业经济增长效应的研究热点区域。

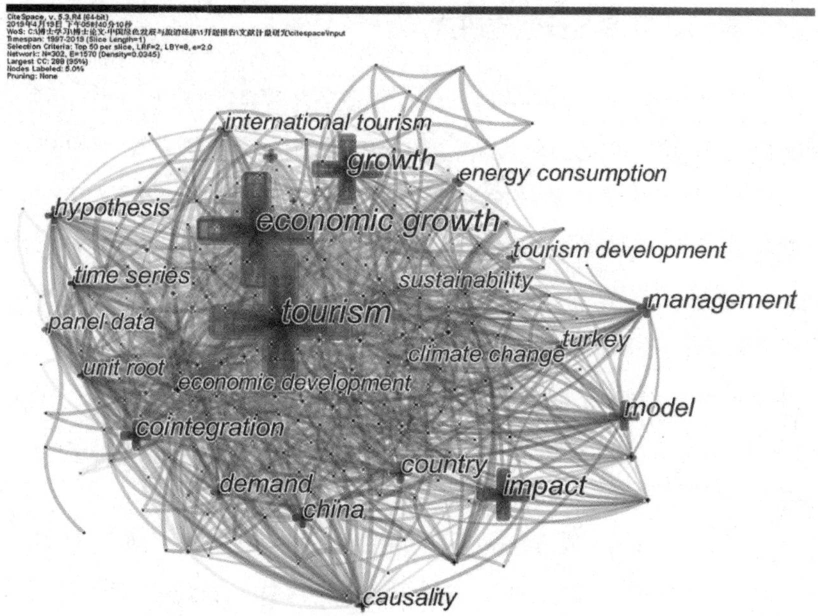

图 2–1　旅游业经济增长效应研究格局（WOS）

Fig 2–1　Research Status of Tourism Economic Growth Effect（WOS）

2. 国内旅游业经济增长效应研究现状

选择中国社会科学引文索引 CSSCI 和中国科学引文数据库 CSCD 数据集[①]，为保证国内旅游发展的经济增长效应研究文献不被遗漏，仍然以“宽口径、细筛选”为原则，设置检索标题或关键词或主题为“旅游”和“经济增长”，时间跨度选择所有年份，最终检索出相关文献共 568 篇。为避免检索结果中含有无效或重复文献，将所检索出的文献进行人工筛选，再导入 Citespace 文献计量软件中进行“关键词”的研究热点聚类并可视化，结果如图 2–2 所示。

① 在中国知网高级检索页面勾选 CSSCI 和 CSCD 数据库。

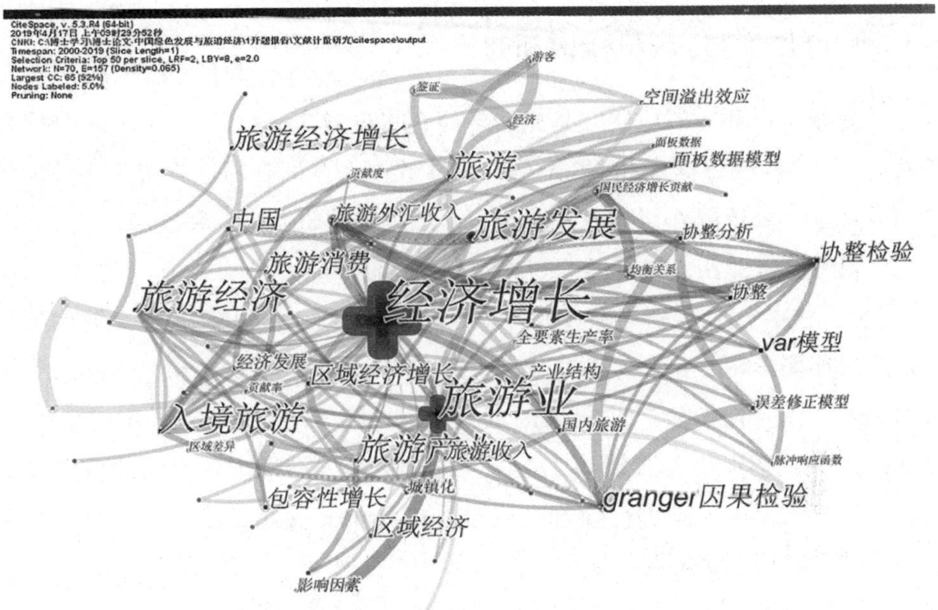

图 2–2　旅游业经济增长效应研究格局（CSSCI&CSCD）

Fig 2–2　Research Status of Tourism Economic Growth Effect（CSSCI & CSCD）

文献计量结果显示，“经济增长”“旅游业”关键词居于聚类的核心位置，且出现频次最多，国内旅游发展的经济增长效应的研究格局与国外相比既有一致性也有差异性。国内旅游发展的经济增效效应相关文献中：①涉及研究方法的高频关键词包括“协整”“协整分析”“协整检验”“granger 因果检验”“面板数据模型”“VAR 模型”“脉冲响应函数”“空间溢出效应”“误差修正模型”等，这不仅表明旅游发展的经济增长效应研究多是在经济学分析框架下进行的，而且体现了时间序列数据研究到面板数据研究的深化过程，这与国外该领域文献表现出同样的特征。②涉及研究问题的高频关键词为“产业结构”“城镇化”等，表明国内的旅游业经济增长效应往往与城镇化、产业结构等主要宏观经济问题进行绑定研究，没有出现国外研究中的环境转向特征，体现出一定差异性。

2.1.1.2 旅游业生态环境效应研究

旅游业生态环境效应研究是旅游业绿色发展效应研究的另一个重要领域。仍然分别从 WOS 数据库和 CSSCI&CSCD 数据库查询和筛选旅游生态环境效应相关文献，分析国外与国内旅游生态环境效应的研究格局和规律。

1. 国外旅游业生态环境效应研究现状

选择 WOS 核心数据合集中的 SCIEXPANDED、SSCI 数据集。聚焦到旅游发展的环境影响研究上，设置检索主题为“tourism environment* impact”[①]，时间跨度选择所有年份，选择“article”“review”和“proceeding paper”精炼筛选，最终检索出相关文献共 378 篇。为避免检索结果中含有无效或重复文献，将所检索出的文献进行筛选，再导入 Citespace 文献计量软件中进行“关键词”的研究热点聚类并可视化，结果如图 2-3 所示。

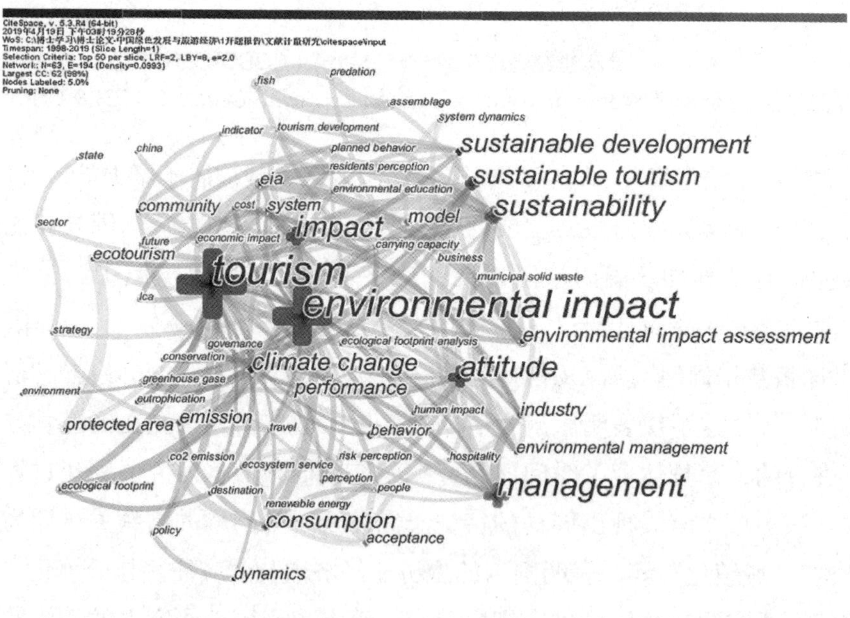

图 2-3 旅游业生态环境效应研究格局（WOS）

Fig 2-3 Research Status of Tourism Eco-Environmental Effects（WOS）

① 设置星号是为了避免“环境”单词词性不同造成的文献检索遗漏。

文献计量结果显示，国外旅游业生态环境效应研究格局中："tourism""environmental impact"关键词居于聚类的核心位置。①研究领域上，"sustainability""sustainable tourism""sustainable development""ecotourism"等关键词表明相关研究是在可持续发展背景下展开的，可持续旅游、生态旅游是国外旅游生态环境影响研究的重要议题，国外学者已经意识到旅游业并非传统意义上的无烟工业，要通过转变旅游发展方式，面对日益加剧的旅游生态环境影响的挑战。②研究问题上，"emission""CO_2 emission""greenhouse gas""eutrophication""municipal solid waste"等关键词则指出了温室气体排放、富营养化、固体废物处理等旅游发展中广受关注的负面环境效应问题。③研究尺度上，"destination""community""residents perception"等关键词则表明国外旅游的生态环境影响研究尺度较为微观，其中旅游目的地尺度、旅游社区尺度是较多涉及的尺度，也关注针对居民微观个体的研究。④学科参与上，一方面，"environmental management""attitude""behavior""management""environmental education""residents perception""planned behavior""community"等关键词表明，国外旅游业生态环境效应研究成果中有相当部分是在管理学框架下开展的。另一方面，"ecological footprint analysis""ecological footprint""carrying capacity""ecosystem service"等关键词则表明，国外旅游业生态环境效应研究成果中还有相当部分是在生态学和地理学框架下开展的。

2. 国内旅游业生态环境效应研究现状

选择中国社会科学引文索引 CSSCI 和中国科学引文数据库 CSCD 数据集，为保证国内旅游业生态环境效应研究文献不被遗漏，设置检索标题或关键词或主题为"旅游环境"，时间跨度选择所有年份，最终检索出相关文献共 398 篇。为避免检索结果中含有无效或重复文献，将所检索出的文献进行全面细致的人工筛选。再导入 Citespace 文献计量软件中进行"关键词"的研究热点聚类并可视化，结果如图 2-4 所示。

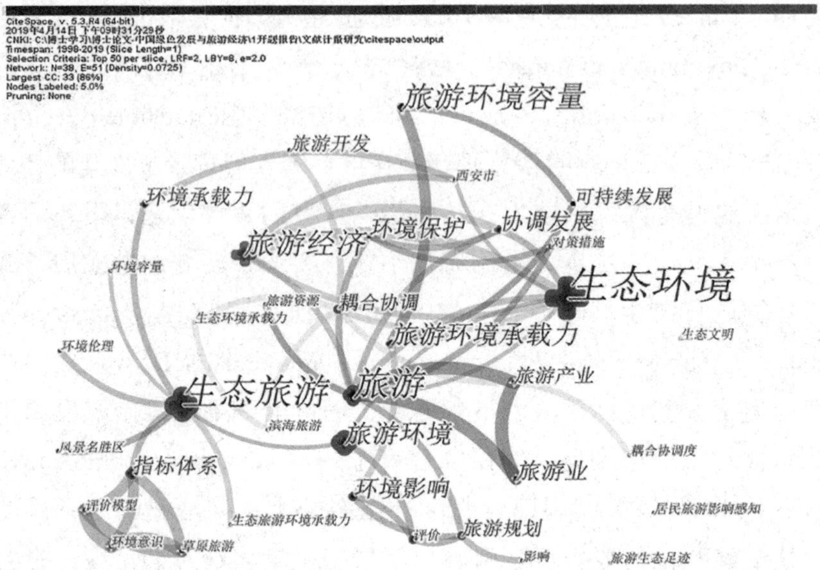

图 2-4　旅游业生态环境效应研究格局（CSSCI&CSCD）

Fig 2-4　Research Status of Tourism Eco-Environmental Effects（CSSCI & CSCD）

文献计量结果显示，国内旅游业生态环境效应格局中："生态环境""生态旅游"关键词出现频次较多。①研究领域上，"生态旅游""可持续发展""协调发展"等关键词表明国内旅游业生态环境效应研究多是在上述情境下展开的。②研究问题上，"旅游环境容量""环境承载力""环境容量""生态环境承载力"等关键词说明国内旅游生态环境影响研究的一个重要议题是探讨旅游目的地的环境承载力。③研究尺度上，"西安市""风景名胜区"等关键词表明国内旅游发展的生态环境影响研究尺度较为微观，与国外相关研究类似。④学科参与上，"旅游生态足迹""居民旅游影响感知""环境意识""旅游环境承载力""环境伦理"等关键词表明，国内旅游业生态环境效应研究成果中大部分是在管理学、生态学和地理学框架下开展的，与国外该领域研究具有共性。

综合上述文献计量结果，笔者发现国内外旅游业生态环境效应研究在开展情景、研究尺度、学科参与等方面存在一致性。国内外研究热点的差异在于国外更多关注旅游发展产生的具体环境污染，而国内则更多关注旅游环境承载力的测算。

2.1.1.3 旅游业绿色发展效应研究

现阶段直接以旅游业绿色发展效应作为研究主题的文献较少。国内研究中，丰晓旭（2018）率先进行了理论层面的探讨。他在《全域旅游和区域绿色发展的关联度》一文中基于物质平衡模型，较为系统地阐释了全域旅游发展影响区域绿色发展的机理（见图 2–5）。并提出旅游业主要通过对生态环境和经济产出两个方面的影响而最终影响到区域绿色发展，对于生态环境和经济发展，旅游业都存在正向和负向的直接或间接影响。其中间接影响通过包括倒逼机制和融合机制在内的机制影响其他产业发展、城乡建设、管理创新来作用于生态环境和经济产出。而且他还认为，旅游业对区域绿色发展的影响并非静态的，而与旅游业发展程度和模式（偏“量”或重“质”）有关。过分地重“量”轻“质”，会放大旅游产业的负面影响，不利于旅游产业的绿色发展效应发挥[17]。

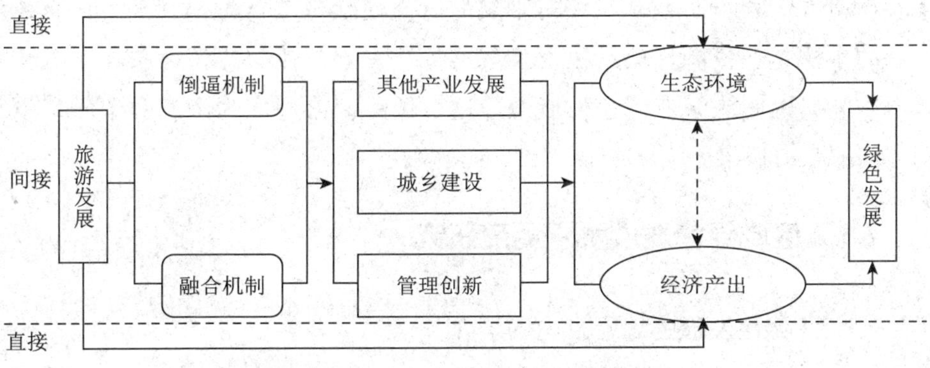

图 2–5 旅游业影响区域绿色发展的机理

Fig 2–5 Mechanism of Tourism Industry Affecting Regional Green Development

资料来源：丰晓旭 . 全域旅游和区域绿色发展的关联度［J］，2018.

2.1.1.4 研究述评

目前，旅游业绿色发展效应研究尚处于学术研究的探索阶段，直接以旅游业绿色发展效应为研究问题的研究成果数量寥寥无几，而且尚停留在理论构建层面，旅游业绿色发展效应的实证研究尚未开展，这显然大大滞后于旅游业绿色产业属性的现实基础。虽然既有研究在对旅游业绿色发展效应的认识上，已经分别从旅游业经济增长效应和旅游业生态环境效应两个方面进行了大量探索，但是这两个领域的研究并未产生良好的交集和良好的互动。究其原因在于，旅游业经济增长效应和旅游业生态环境效应两个研究领域并不是在相同研究范式和研究框架下展开的。旅游业经济增长效应研究，多从宏观经济层面，基于经济学范式和框架，利用时间序列数据或面板数据对TLGH旅游导向型经济增长假说进行验证。而旅游业生态环境效应研究，多从微观层面，基于地理学、生态学范式和框架，利用实地调研测量或遥感数据对旅游自身发展过程中的环境污染、生态问题进行揭示，但这种揭示多是停留在旅游业本身发展是否绿色这一层面，尚未充分考虑旅游业较强的综合带动性和产业融合性带来的绿色溢出和对区域整体环境的正面效应。且不论各个领域尚存的研究缺陷和观点争辩，显然，旅游业经济增长效应和旅游业生态环境效应两个研究领域相对割裂的研究现状应该首先得到破解。而绿色发展的本质是在资源环境约束下实现可持续发展，兼有经济增长和生态环境双重内涵，因此旅游业绿色发展效应这一议题，恰好成为沟通两个研究领域间“沟壑”的桥梁。

2.1.2 区域绿色发展水平测度研究

2.1.2.1 绿色发展的缘起及内涵研究

绿色发展是一种将生态环境约束纳入经济增长框架的全新发展观，拥有丰厚的学术基础和历史积淀。绿色发展的基本思想最早可以追溯到1946年，英国经济学家希克斯提出“绿色GDP”概念[29]。1972年，意大利罗马俱乐部公布《增长的极限》研究报告[30]，提出“零增长理论”的新发展模式。1987年，世界环境与发展委员会递交的《我们共同的未来》报告中提出“可持续发展”概念[31]。1989年，英国经济学家皮尔斯出版《绿色经济蓝皮书》，提出

“绿色经济”概念[32]。2002 年，联合国开发计划署（UNDP）发布《2002 年中国人类发展报告——让绿色发展成为一种选择》，正式提出“绿色发展”概念[29]。2005 年，联合国亚太经济与社会委员会（UNESCAP）在《绿色增长首尔倡议》中提出“绿色增长”概念。2008 年，联合国环境规划署（UNEP）提出了旨在应对全球金融危机和气候变化的“绿色经济”和“绿色新政”的倡议[33]。2011 年，经济合作与发展组织（OECD）发布《迈向绿色增长》[34]。2012 年，世界银行（WB）发布《包容性的绿色增长——可持续发展之路》报告[35]。这些宣言、报告，抑或公约、文件承载着人类社会关于发展与环境问题的最大公约数，某种程度上也提供了现实的行动指南和解决方案。

对比绿色 GDP、零增长理论、可持续发展、绿色经济、绿色增长等概念，不难发现，虽然绿色发展与上述概念在思想内核上基本一致，但是绿色发展概念显然具有更多的“中国血统”。从最初的诞生，联合国开发计划署在《2002 年中国人类发展报告——让绿色发展成为一种选择》中要求中国借助市场机制推进绿色发展[29]。中国情境和中国思考从一开始就为绿色发展打下了中国烙印。随后，中国学术界针对“绿色发展”概念与内涵进行了丰富的阐释，概括起来主要包括两个层面。

第一，从经济增长视角理解绿色发展内涵。这一层面的理解，本质上是将绿色发展视为一种新的经济发展方式，即在获得经济效益的同时，实现要素投入绿色化和环境影响减量化。胡鞍钢（2003）认为绿色发展之路，就是强调经济发展与保护环境的统一与协调[16]。欧阳志云（2009）提出绿色发展要求既要改善能源资源的利用方式，还应保护和恢复自然生态系统与生态过程，实现人与自然的和谐共处和共同进化[36]。郇庆治（2012）认为绿色发展包括生态可持续、环境友好型、环境资源可维持三个层面内容[37]。邓远建（2012）等人认为绿色发展是以效率、和谐、持续为发展目标，以生态农业、循环工业和绿色服务产业为基本内容的经济结构、增长方式和社会形态[38]。齐建国（2013）认为绿色发展的有效实现途径和重要内涵之一即具有促进绿色可持续发展协同效应的现代循环经济模式[39]。

第二，从可持续发展视角理解绿色发展内涵。这一层面对于绿色发展的理解更为宏大，本质上是将绿色发展视为一种“发展理念”，而不单单视作一种经济发展方式，认为社会、政治、文化、生活方式诸多方面均可以“绿色化”。牛文元（2012）指出，绿色发展强调发展的质量和公平性，包括生态健康、经济绿化、社会公平、人民幸福，四者有机统一，是以实现人与自然平衡、人与人关系和谐为根本宗旨[40]。王玲玲（2012）等人从绿色环境发展、绿色经济发展、绿色政治发展和绿色文化发展四个子系统的关系角度揭示了绿色发展的内涵[41]。蒋南平（2013）等从人与自然和谐共生、经济、社会、生态协调共进的角度对绿色发展的内涵进行深刻论述[42]。胡鞍钢（2014）绿色发展观是第二代可持续发展观，强调经济系统、社会系统和自然系统间的系统性、整体性和协调性[16]。王海芹和高世楫（2016）认为中国对绿色发展的认识，经历了由表及里、由浅入深、由自然自发到自觉自为的过程，每个阶段都有其阶段性特征[29]。

2.1.2.2 绿色发展水平的衡量指标

本书探讨旅游业对城市绿色发展的影响效用，城市绿色发展水平将作为本研究的被解释变量，然而绿色发展水平并非可以直接观测到的现实指标。既有研究利用绿色 GDP、单位 GDP 能耗、生态效率、绿色全要素生产率等多指标多角度对绿色发展水平进行表征，但未形成定论。本部分文献综述的主要目标是梳理和遴选衡量城市绿色发展水平的具体指标及其测度手段。

1. 绿色发展水平评价文献计量分析

根据绿色发展的缘起与内涵的梳理结果，绿色发展更多是基于中国情景下提出的，特别是随着绿色发展被列入“五大发展理念”，国内学者对绿色发展进行了大量研究，在绿色发展水平评价和测度方面形成了丰富研究成果。为了从这些研究成果中发现规律性认识，将首先采用文献计量的方式进行文献梳理。

文献计量分析的步骤如下：第一，设定文献搜索条件如下：在中国知网内，文献来源选择 CSSCI&CSCD 期刊，设置标题、关键词或主题为“绿色发展”且全文中含有“测度”或“测算”或“评价”，共检索到 301 篇文献，进一步经过人工筛选，最终确定共 267 篇文献作为文献分析样本。第二，利用

Citespace 文献计量软件，对筛选过的文献进行“关键词”的研究热点聚类并可视化，结果如图 2-6 所示。

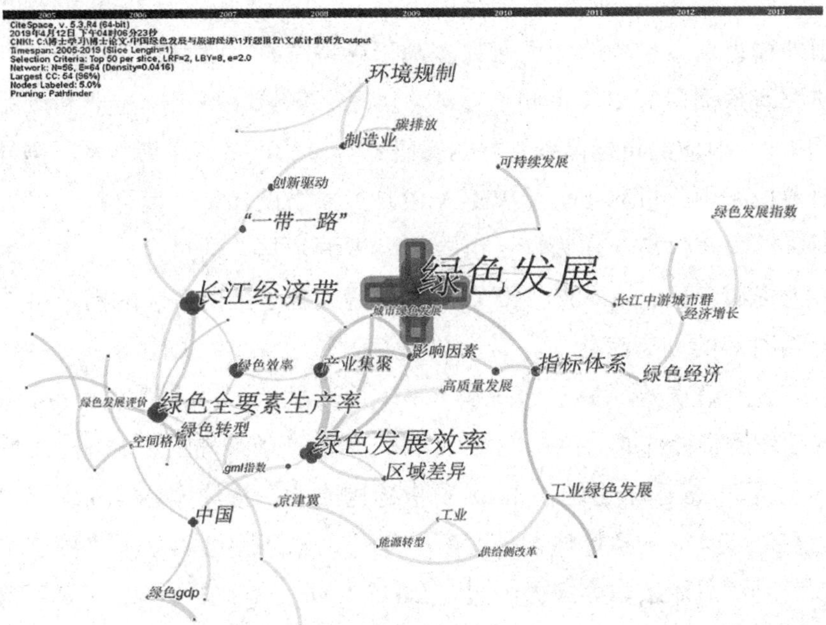

图 2-6　绿色发展水平评价研究格局

Fig 2-6　Research Status of Green Development Evaluation

文献计量结果显示，绿色发展水平评价研究格局中：“绿色发展”关键词居于聚类的核心位置，且出现频次最多。在绿色发展水平评价相关文献中，①涉及评价指标的高频关键词包括“绿色发展指数”“指标体系”“绿色发展效率”“绿色全要素生产率”“GML 指数”“绿色 GDP”“绿色效率”等。②涉及评价对象的高频关键词为“中国”“长江经济带”“一带一路”“长江中游城市群”等。③涉及评价结果分析的高频关键词为“影响因素”“空间格局”“区域差异”等。④涉及评价主题延伸的高频关键词为“环境规制”“创新驱动”“能源转型”。这一分析展现了国内绿色发展评价研究的基本格局，更重要的是揭示出主流研究中采用的区域绿色发展衡量指标大致分为两个方向：其一是“绿色发展指数”（“指标体系”），其二是“绿色发展效率”（“绿色效率”)、“绿色全要素生产率”(“GML 指数”)。下面分别梳理这两个方向的研究成果。

2. 绿色发展指数（指标体系法）

国外绿色发展指数的测度研究多基于可持续发展评价框架展开。国际机构和研究者根据研究对象不同（全球、国家、区域、城市、企业和产品尺度等），构建了对应的指标体系，并测度研究对象的可持续发展水平。国外区域研究对象成果中，世界银行（WB）（1995）独立设计了一套可持续发展指标体系，以“国家财富”作为衡量可持续发展的依据。通过自然资本、生产资本、人力资源和社会资本四项要素衡量各国或各地区的实际财富及可持续发展能力随时间的动态变化。联合国可持续发展委员会（UNCSD）（1996）依据《21 世纪议程》在“驱动力—状态—响应”框架下构建了包含 134 项指标的可持续发展指标体系。并于 2001 年修订指标，最终确定涵盖 4 个维度，包含 15 个主题、38 个子主题，由 58 项指标构成的新指标体系。除国际组织构建的具有全球特征的指标体系外，欧美发达国家还相继建立了适用于本国的可持续发展评估体系。英国提出包含 21 项专题，123 项指标的国家可持续发展指标体系，以保持经济健康发展、优化不可再生资源、可持续利用可再生资源、尽可能降低人类活动对环境承载力造成的损害为目标。美国创建国家十大可持续发展目标，选取 52 项指标评价国家既定目标的实现程度。基于城市尺度，意大利提出生态系统城市绩效指数。

国内学者也对绿色发展指数测度做了大量探索，指标体系构建是绿色发展定量测评的基础和关键。国家尺度研究中，李晓西（2015）借鉴人类发展指数，在社会经济可持续发展和生态资源环境可持续发展两大维度同等重要的基础上，构建“人类绿色发展指数”，测算 123 个国家绿色发展指数[33]。省域尺度研究中，李晓西（2011）编著《中国绿色发展指数报告——区域比较》提出了“绿色体检”的概念，比较测度了中国绿色发展的现状和各地区绿色转型的进展情况[43]。刘纪远等（2013）基于中国西部发展现状及社会背景，构建了西部绿色发展概念框架，但体系框架均针对特定的产业及地区，代表性不足，推广性较弱[44]。刘明广（2017）从绿色生产、绿色生活、绿色环境和绿色新政四个分类维度构建中国省域绿色发展水平的测量指标体系[45]。城市尺度研究中，欧阳志云等（2009）利用 K-mean 聚类法分析出绿色发展指标在全国城市达标比例和分级评价[36]。黄跃（2017）以中国城市群为研究对象，构建绿色发展综合评价体系测度了中国的城市群绿色发展水平[46]。马勇（2017）通过熵权 TOPSIS 法测度长江中游城市群 31 个城市的绿色发展指数，借助环境库兹涅茨曲线理论解析造成差异化格局的成因[47]。马双（2018）从绿色生产、绿色生活和绿色生态三个维度构建了城市绿色发展评价指标体系，并以长江经济带城市为对象进行测度[48]。县域尺度研究中，郭永杰等（2015）采用综合加权法测度了宁夏县域的绿色发展水平[49]。

3. 区域绿色发展效率与绿色全要素生产率

绿色发展效率和绿色全要素生产率研究是在效率研究和全要素生产率测算较为成熟的基础上开展的，并在近年来成为评价区域绿色发展水平的重要指标。绿色发展效率和绿色全要素生产率研究在研究对象上涉及区域、行业、企业等诸多层面。根据本书主题，重点梳理针对区域的绿色发展效率和绿色全要素生产率研究。

以国家为研究对象，Kumar（2006）采用 ML 指数考察了 41 个发达国家和发展中国家的绿色全要素生产率，并与全要素生产率进行对比分析[50]。Wawan Rusiawan（2015）以二氧化碳排放为非期望产出，运用增长核算法测算了印度尼西亚 1992—2002 年的绿色全要素生产率，最后指出绿色全要素生产率是国家制定宏观政策以促进经济可持续发展的重要依据[51]；徐晓红（2016）对中国各省域绿色全要素生产率进行测度得出其年均增长率为 1.3%，由绿色技术进步推动，而非绿色技术效率的提高[52]。陈黎明（2016）对发现中国绿色全要素生产率经历了负向增长—正向微弱增长—负增长—正向良好增长的动态波动过程[53]。齐绍洲（2018）利用 SBM 模型测算“一带一路”沿线国家绿色全要素生产率，并发现贸易开放整体有利于沿线国家绿色全要素生产率提高[54]。

以省份地区为研究对象，汪朝阳[55]（2017）、卢丽文[56]（2017）、尹传斌[57]（2017）等分别对湖北、长江经济带、西部地区等区域范围的绿色全要素生产率进行测度，研究结论普遍认为绿色全要素生产率的增长率在不同时间呈动态波动状态，技术进步是绿色全要素生产率增长的主要原因之一。以城市群为研究对象，刘阳（2019）采用三阶段 DEA 方法，测度中国四大沿海城市群的绿色效率[58]。李健（2019）基于方向松弛的无效率模型测度了京津冀、长三角、珠三角国家级城市群的绿色全要素生产率，并采用空间自回归模型考察其影响因素[59]。

以城市为研究对象，吴建新[60]（2016）、张豪[61]（2017）对中国主要城市的绿色全要素生产率进行测度和分析，得出城市绿色全要素生产率变化呈现明显阶段特征，东中西部城市差异明显，技术进步对城市绿色全要素生产率的贡献率最高。很多学者还将绿色全要素生产率与全要素生产率结果进行对比分析，尝试揭示能源环境约束下生产率的变化。吴军（2010）发现，2000—2007 年中国经济传统全要素生产率年均增长 4.6%，而绿色全要素生产率年均增长仅 1.3%[62]。胡晓珍[63]（2011）、屈小娥[64]（2012）、汪锋[65]（2015）、吴翔[66]（2014）也得出类似结论，考虑环境因素的绿色全要素生产率值要低于不考虑环境因素的全要素生产率，且绿色全要素生产率的增长主要来源于技术进步，并呈现较大的区域差异和不同的时间趋势特征。但匡远凤（2012）得出了相反的结论，发现中国省份环境全要素生产率反而高于全要素生产率[67]。

4. 绿色发展水平衡量指标选择

为了对比上述评价区域绿色发展水平两个方向的优劣性和先进程度，同样基于上述筛选出的研究文献，利用 Citespace 文献计量软件，进一步分析"关键词"的研究时间趋势并可视化，结果如图 2-7 所示。

文献计量结果显示，绿色发展水平评价指标演进过程中："绿色发展"关键词居于研究时间轴线的最前部，且出现频次最多。涉及评价指标的高频关键词中，按照时间出现先后，最先出现的是"指标体系"（其对应绿色发展指数指标体系法），其次是"绿色发展效率"（静态评价），最后是"绿色全要素生产率"（动态评价）。这表明区域绿色发展水平的测度主要基于两个方向，首先是基于指标体系法展开的，而后基于效率分析的绿色发展效率、绿色全要素生产率才被研究者使用。而且时间出现的先后顺序，某种程度上也暗示着这两类方法的前沿性和先进性。除此之外，绿色发展评价的指标体系法在指标体系构建、指标权重确定、指标合成等诸多环节可能受到方法和人为因素的干扰，然而最严重的缺陷是在研究逻辑上，指标体系法所得出的绿色发展指数，其影响因素的大小已经暗含在所构建的指标及其权重的信息中，无法支持后续延伸研究。而基于效率的绿色全要素生产率的测算是从投入产出角度进行的，且测算过程客观性较强，可以有效支持后续研究，即旅游业对其影响机制的问题。

基于上述两点考量，同时为使研究更加聚焦，本书拟选用更为先进的绿色全要素生产率作为城市绿色发展评价指标，并进行下一步文献梳理。

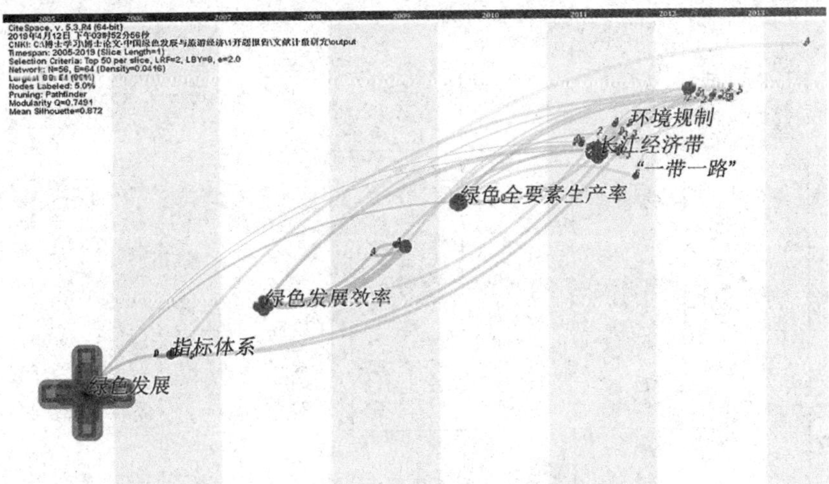

图 2–7 绿色发展水平评价指标演进过程

Fig 2–7 Evolution Process of Green Development Level Evaluation Index

2.1.2.3 绿色全要素生产率测度方法及指标

由于本书绿色全要素生产率涉及的测度对象是区域，因此未将针对产业、企业等其他测度对象的研究作为文献梳理的对象。通过着重梳理针对区域的绿色全要素生产率测度的代表性研究文献，进一步从测度方法、测度指标（投入指标、期望产出指标、非期望产出指标）、研究对象、研究尺度等方面进行整理，以期为研究开展提供经验。结果如表 2-1 所示：

表 2-1　区域绿色全要素生产率的测度方法及指标选择

Tab 2-1　measurement methods and indicators for regional GTFP

序号	研究者	年份	测度方法	测度指标			研究对象	研究尺度
				投入项	期望产出项	非期望产出项		
1	齐绍洲[54]	2018	SBM 方向性距离函数的 GML 指数	就业人数、资本存量、能源消费总量	GDP	CO_2 排放量	“一带一路”沿线国家	国家
2	傅京燕[68]	2018	SBM 方向性距离函数、Malmquist-Luenberger 指数	城镇就业人员年末数、资本存量、能源消费总量	GDP	工业废水排放量、工业废气排放量、工业固体废弃物产生量作为指标	中国	省份
3	蔡乌赶[69]	2017	基于 EBM 模型的 GML 指数	就业人数（上年末和本年末均值）、资本存量、能源消费总量	GDP	CO_2 排放量	中国	省份
4	张帆[70]	2017	基于方向性距离函数的 Malmquist-Luenberger 生产率指数	资本存量、从业人员数	GDP	CO_2 排放量和 SO_2 排放量	中国	省份
5	汪锋[65]	2015	超越对数生产函数	全社会从业人员人数、能源消耗总量、物质资本存量	GDP	CO_2 排放量	中国	省份
6	汪克亮[71]	2015	Bootstrap-DEA、Malmquist 指数	资本存量、年末就业人数、能源消费总量	GDP	SO_2 排放量	中国	省份
7	王兵[72]	2014	参数化共同边界、Luenberger 生产率指标	按三次产业划分的从业人员数、资本存量、能源消费总量	GDP	SO_2 排放量、COD 排放量	中国	省份

续表

序号	研究者	年份	测度方法	测度指标			研究对象	研究尺度
				投入项	期望产出项	非期望产出项		
8	胡晓珍[63]	2011	非参数 DEA-Malmquist 指数	各地区年末从业人员数量、专利授权数量、资本存量	GDP	综合环境污染指数（工业废水排放量、工业废气排放量、工业烟尘排放量、工业粉尘排放量、工业 SO_2 排放量和工业固体废弃物产量）	中国	省份
9	李俊[73]	2009	数据包络分析	从业人员人数、物质资本存量	GDP	SO_2 排放总量、废水排放总量、工业固体废弃物总量	中国	省份
10	陈阳[74]	2018	SBM 方向性距离函数、Malmquist-Luenberger 指数	就业人数、资本存量、全年全市用电量	GDP	环境污染综合指数（废水排放量、SO_2 排放量、烟尘排放量）	中国	城市
11	卢丽文[56]	2017	SBM 方向性距离函数、Malmquist-Luenberger 指数	固定资产投资额、全部从业人数、建成区面积、供水总量、全社会用电量	GDP、地方政府财政收入、社会消费品零售总额	工业 SO_2 排放量、工业烟尘排放量、工业废水排放量	长江经济带	城市
12	李卫兵[75]	2017	SBM 方向性距离函数的 GML 指数	资本存量、年末单位从业人员数、私营和个体从业人员数的总和、能源消费总量（按城市 GDP 占比，从各省剥离）	GDP	环境污染综合指数（工业废水排放量、工业 SO_2 排放量和工业烟粉尘排放量）	中国	城市

经过梳理发现，既有研究具有如下特点：①研究方法方面，学者们广泛认可和使用数据包络分析法。这种方法无须函数形式、简单易行，且非参数方向性距离函数可以同时考虑好产出（经济发展）和坏产出（环境污染），体现了绿色发展“在保持经济持续增长的同时减少对自然环境的损害或者能同时改进自然资产的状况”的本质。因此得到了广泛使用和发展，并发展出不同的数据包络具体模型（例如，SBM、DDF、EBM、Bootstrap-DEA 等）配合 Malmquist-Luenberger 指数进行测度。②研究尺度方面，涵盖国家、省份、城市三个尺度，但大部分研究集中在以全国范围内省份尺度，而城市尺度和国家尺度的研究相对较少。③测度指标方面，对于投入指标，基本按照生产函数中资本、劳动力、能源消耗进行构建，在代理指标的选择上有所差异；对于期望产出指标均选用 GDP 指标，并按照相应指数进行平减；对于非期望产出指标，主要包括列入各统计年鉴统计序列的污染指标，以工业三废、SO_2、COD 为主，部分学者还间接测度了 CO_2 排放量，对于非期望产出的处理，学者们采用了两种方式，一种是直接将污染指标放入投入产出模型，另一种是对多重污染物指标进行熵权指数化，再放入投入产出模型。

2.1.2.4 研究述评

纵观区域绿色发展测度研究的整体脉络，不难发现绿色发展概念缘起于传统发展观带来资源束缚、环境污染的现实弊端，更多是基于中国情景下的提法。特别是党的十八届五中全会将绿色发展与创新发展、协调发展、开放发展、共享发展列为中国五大发展理念，随后绿色发展相关议题成为国内官产学研媒各界的热点，并逐渐深入人心。随着一大批绿色发展研究成果的涌现，学术界虽然对绿色发展本质与内核达成了基本认识，但是对于绿色发展的具体内涵尚未形成统一认识，并且绿色发展内涵存在“泛化”的趋势，这是需要警惕的现象。而且绿色发展显然尚未成为国际学术话语体系中被一致接受的概念，如果绿色发展作为一个学术议题，就要求未来国内绿色发展研究必须与国外学界产生更多的国际对话。在实证测度方面，指标体系法最先被应用到区域绿色发展水平测度中。其次，绿色发展效率、绿色全要素生产率成为较为先进的测度方法。但是既有研究中，对绿色发展效率和绿色全要素生产率的测度多集中在省份研究尺度，城市研究尺度、国家研究尺度的研究相对匮乏，未来研究需要在上述两个尺度上开展更多研究，甚至深入到县级尺度研究。对于测度指标而言，一方面，指标选取比较有弹性，暂未建立起受到学界公认的投入产出指标体系，另一方面，指标数据类型和来源相对单一，不能全方位刻画评价单元非期望产出，这需要今后研究利用学科交叉的手段，利用遥感影像在内的多源数据进行指标丰富。在测度方法方面，形成了较为成熟的“DEA+Malmquist-Luenberger 指数”模式，未来研究在具体数据包络模型的选择以及 Malmquist 指数的形式选择上，需要更加关注其适用性。

2.2 核心概念界定

2.2.1 旅游业

本书是对旅游业绿色发展效应的测度和特征揭示，因此旅游业是本书涉及的一个核心概念。下面主要从两个方面对旅游业的概念进行界定，其一是对旅游业产业定位的认识，其二是对旅游业范畴的认识。

在第一方面，大部分研究者支持旅游业是一个产业的观点，但也有少数学者持相反观点，他们认为组成旅游业的各种企业并没有生产一种共同的产品，故而反对将旅游业视为一个产业。对由于具体的研究对象为中国旅游业，那么从中国旅游业实践角度而言，对旅游业产业性的认识经历了从模糊到确立的过程。改革开放之前，旅游业以外事接待为主，经济效益并不是旅游业发展的主要目标，旅游业产业经济形态并不明显。1981 年，全国旅游工作会议出台《关于加强旅游工作的决定》，明确指出“旅游事业是一项综合性的经济事业，是国民经济的一个组成部分，是关系国计民生的一项不可缺少的事业”，旅游业经济属性得到增强，但仍然被定位为一项事业。1991 年，《国民经济和社会发展十年规划和第八个五年计划纲要》正式明确旅游业的产业性质。2009 年，国务院发布《关于加快发展旅游业的意见》，首次提出“把旅游业培育成国民经济战略性支柱产业”。至此旅游业的产业定位得到充分确立和认可。在第二方面，旅游业产业构成的讨论一直是旅游学基础研究的热点。旅游业具有综合性和多样性的特点，是许多相关行业的集合。因此学术界通常从广义和狭义方面加以区别界定。对于广义的旅游业，马勇（2008）认为旅游业是通过提供旅游服务满足旅游者多样化需求并以此获得经济利益的综合性行业[76]。而狭义的旅游业则仅是为旅游者旅行游览活动提供直接服务的行业和部门。联合国《国际产业划分标准》（International Standard Industrial Classification of All Economic Activities）则从直接和间接角度对旅游业产业构成进行划分，其中直接旅游部门包括住宿接待部门、交通运输部门、旅行业务组织部门等，间接旅游部门包括餐饮服务部门、游览娱乐场所经营部门、旅游产品经营部门、目的地旅游组织部门等。李天元（1991）则认为直接旅游企业依赖旅游者而存在，间接旅游企业虽然为旅游者服务，但没有旅游者，企业并不会消亡[77]。

本书关注于旅游业对区域绿色发展的整体带动效应，如果仅从狭义范畴理解旅游业则无法体现旅游业的综合带动性。所以本书选择采用基于广义旅游业角度展开。具体而言，结合中国旅游业发展和目前旅游统计制度现状，本书选择旅游总收入作为度量某一地区旅游业发展情况的指标。旅游总收入是衡量地区旅游业发展规模最直接和常规指标，包括国内旅游收入与国际旅游外汇收入两部分。根据国家统计局的官方统计口径：其中国内旅游收入和国际旅游外汇收入分别是在中国（大陆）观光游览、度假、探亲访友、就医疗养、购物、参加会议或从事经济、文化、体育、宗教活动的中国（大陆）居民或外国人、港澳台同胞等游客（即入境过夜游客和入境一日游游客），在上述活动中用于交通、参观游览、住宿、餐饮、购物、娱乐等全部花费。由此可见，这两项指标也是基于广义的旅游业来界定的，并充分反映了旅游业对于区域经济增长和促进就业方面的综合拉动作用。

2.2.2 绿色全要素生产率

绿色全要素生产率是由全要素生产率（Total Factor Productivity，TFP）发展而来的概念。在新古典经济学中，全要素生产率是用来分析经济增长源泉的工具，它代表并非由生产要素投入（资本、劳动、土地、原材料等）所贡献的经济增长部分，这一部分的经济增长往往来源于技术进步和技术效率两个部分。为此，全要素生产率也被运用于衡量经济发展质量和技术水平。但是，伴随着经济增长，能源资源紧缺、水与大气污染、生态系统退化等生态环境问题日益加剧，学术界发现传统框架下的全要素生产率核算恰恰忽视了经济增长过程中的能源消耗和环境污染。针对这一缺陷，部分学者提出在考虑传统的资本、劳动等投入要素的同时，还必须考虑资源和环境等要素的约束。Mohtadi（1996）较早做出了探索，尝试将能源消耗、环境污染物等作为投入要素纳入全要素生产率核算框架[78]。Chung（1997）等人则将环境污染物视为坏产出纳入产出之中，综合运用方向性距离函数和Malmquist-Luenberger指数核算了瑞典纸浆厂的绿色全要素生产率，并将其分解为绿色技术进步和绿色技术效率两个部分[79]。随后，越来越多的学者（Jorgenson，2000；Färe et al，2001；Elsadig，2012；吴翔，2014）按照这一思路进行了全要素生产率的测算，并将这一测算结果表述为“环境全要素生产率”“环境敏感性全要素生产率”“绿色全要素生产率”等[80][81][82][83]。虽然表述方式不同，但其内核是一致的。

综合既有研究成果，本书将绿色全要素生产率界定为：在传统全要素生产率核算框架基础上，考虑资源与环境等要素约束的情况下，通过纳入能源消耗作为投入要素以及环境污染物作为非期望产出，而测算出的全要素生产率即为绿色全要素生产率。并且绿色全要素生产率可以分解为绿色技术进步和绿色技术效率两个部分，其中绿色技术进步表示资源与环境等要素约束下，技术创新或引入先进技术推动的生产函数生产前沿面外移；绿色技术效率表示资源与环境等要素约束下，当前投入产出情况向生产函数生产前沿面靠近，通常是由政策与制度变革等发展环境因素变化而对资源配置效率造成影响引起的。

2.2.3 旅游业绿色发展效应

旅游业绿色发展效应既是本书涉及的核心概念，也是本书的核心科学命题。由于绿色发展强调在资源环境约束下实现社会发展和经济增长，包括经济增长和生态环境保护在内的多重内涵，因此旅游业绿色发展效应既体现对于城市经济发展促进又体现在对城市生态环境改善等方面。本书所提出并研究的旅游业绿色发展效应是指某一城市发展旅游而对该城市整体绿色发展水平产生的影响作用。在本书中，以绿色全要素生产率衡量城市绿色发展水平，因此具体而言，旅游业绿色发展效应内在地包含旅游业影响城市绿色全要素生产率的机理过程、旅游业影响城市绿色全要素生产率的效应测度、旅游业对城市绿色全要素生产率影响的特征（增长源泉、空间特征与非线性特征）等内容。

2.3 本章小结

通过运用文献计量或传统文献综述的方法对与本书主题密切相关的旅游业经济增长效应、旅游业生态环境效应、区域绿色发展水平测度等领域的研究成果进行梳理，并对本书所涉核心概念进行界定。主要有以下发现：

第一，国内外旅游业经济增长效应、旅游业生态环境效应领域研究成果的 Citespace 文献计量结果表明：国内外已经分别对旅游业经济增长效应和旅游业生态环境效应两个领域做了大量探索，形成了丰硕成果。旅游业经济增长效应多从宏观经济层面，基于经济学范式和框架，利用时间序列数据或面板数据对 TLGH 旅游导向型经济增长假说进行验证。而旅游业生态环境效应研究，多从微观目的地层面，基于地理学、生态学范式和框架，利用实地调研测量或遥感数据对旅游业自身发展过程中的环境污染、生态问题进行揭示。因为在参与学科、研究范式上存在明显差异，造成两个领域的研究并未产生良好的交集和良好互动。由于绿色发展兼有经济增长和生态环境保护双重内涵，因此旅游业绿色发展效应这一研究议题，恰好架起了沟通两个研究领域间“沟壑”的桥梁。

第二，区域绿色发展水平测度研究成果中：绿色发展是在中国实践情境下提出的，尚未成为国际学术话语体系中一致接受的概念，未来国内绿色发展研究必须与国外学界产生更多的国际对话。通过 Citespace 文献计量的研究关键词时间趋势分析，发现实证测度方面，指标体系法最先被应用到区域绿色发展水平测度中。其次，绿色发展效率、绿色全要素生产率成为较为先进的测度方法。这为本书实证部分选择绿色全要素生产率表征城市绿色发展水平提供了理论依据。

第3章 城市绿色发展水平测算：基于绿色全要素生产率

中国旅游业绿色发展效应研究探讨旅游业对城市绿色发展的影响效应，因此，定量表征城市绿色发展水平是开展后续实证研究的基础。根据第2章关于绿色发展水平测算的文献梳理和文献计量结果，本书选择使用城市绿色全要素生产率指标来衡量城市绿色发展水平。具体而言，本章做如下安排：首先，基于融合经济社会统计数据和各类遥感影像数据，构建城市绿色全要素生产率测算指标体系，并制备数据形成测算数据库。其次，运用EBM-Global Malmquist Luenberger模型对城市绿色全要素生产率进行连续时序的测度，并从区域差异、时序变化、空间集聚等方面进行分析。最后，对绿色全要素生产率进一步分解，得到绿色技术效率、绿色技术进步并进行结果分析。

3.1 测算方法设计

3.1.1 绿色全要素生产率测算指标体系：基于多源数据

3.1.1.1 指标体系构建过程

本书按照自上而下的方式，构建城市绿色全要素生产率测算指标体系：首先，以既有研究和文献为理论基础构建准则层；其次，结合多源数据的可获性确定指标层。

①准则层：从城市绿色全要素生产率测度既有文献看，大多从投入指标和产出指标两个方面进行指标体系构建。投入指标方面，多围绕生产函数投入项的构成来确定投入要素，主要包括水、土地、劳动力、资本、能源等[84][85]。产出指标方面，通常划分为期望产出与非期望产出。期望产出以GDP为代表的经济产出为主，非期望产出则为废水、废气、废物等环境产出。由此，本书首先将准则层确定为包括土地投入、资源投入、资本投入、劳动力投入的投入指标，以及涉及期望产出和非期望产出的产出指标。

②指标层：具体而言，投入变量涉及建设用地面积、耕地面积、能源消耗指数、全社会固定资产存量、城市供水总量、单位从业人数 6 项指标，产出变量包括 GDP①、PM2.5 年均浓度（非期望产出）、工业废水排放量（非期望产出）3 项指标。最终，构建多源数据支持下的城市绿色全要素生产率测算指标体系，见表 3-1。

① 为了消除通胀因素，各年份 GDP 按照价格指数以 2004 年为基期平减。

表 3–1　基于多源数据的城市绿色全要素生产率测算指标体系

Tab 3–1　Calculating index system for city GTFP based on multi-source data

目标层	准则层		指标层	单位	数据类型	数据来源	数据处理
绿色全要素生产率	投入指标	土地投入	建设用地面积	平方公里	遥感数据	地理国情监测云平台	AcrGIS 软件面积制表
			耕地面积	平方公里	遥感数据		
		资源投入	能源消耗	指数	遥感数据	中国科学院资源环境科学数据中心	AcrGIS 软件分区统计求和
			城市供水总量	万吨	统计数据	《中国城市统计年鉴》《中国区域经济统计年鉴》	—
		资本投入	全社会固定资产投资	万元	统计数据		先确定 2004 年基期固定资产存量，再以永续盘存法计算各年固定资产存量
		劳动力投入	单位从业人数	万人	统计数据		—
	产出指标	经济产出	GDP	万元	统计数据		各年 GDP 按照价格指数以 2004 年为基期平减
		环境产出（非期望）	工业废水排放量	万吨	统计数据		—
			PM2.5 年均浓度	μg/m³	遥感数据	大气成分分析组织	AcrGIS 软件分区统计求均值

3.1.1.2 指标数据来源及数据处理

本书测度城市绿色全要素生产率依托多源数据融合，对数据处理的基本思路是，先进行遥感数据的处理，主要涉及 ArcGIS 软件的投影设置、底图匹配、剪裁和数值提取等操作。获得相关指标数据后再将遥感指标数据与经济社会统计数据按照城市 ID 进行关联匹配，最终形成时序和指标完整的市域尺度绿色全要素生产率测算数据库。各指标具体的数据来源与处理方法如下。

①建设用地面积与耕地面积由中国土地利用现状遥感监测数据（Land Use/Cover Change，LUCC）利用 AcrGIS 软件的面积制表功能处理获得。中国土地利用现状数据集由以 Landsat TM/ETM 遥感影像为主要数据源，通过人工目视解译生成，划分出建设用地①、耕地②、林地、草地、水域和未利用土地 6 个一级类型，由地理国情监测云平台（http://www.dsac.cn/）获取，空间分辨率为 1km × 1km。

②能源消耗指数数据由 DMSP/OLS 全球夜间灯光数据处理获得③，已有研究表明夜间灯光数据与能源消费存在显著的线性相关性[86][87]。进一步，参考刘海猛等的研究[88]，利用 AcrGIS 软件的分区统计求和功能，将行政区范围内所有栅格灰度值之和作为该区域能源消耗指数。中国区域的 DMSP/OLS 数据由中国科学院资源环境科学数据中心（http://www.resdc.cn/）获取，空间分辨率为 1km × 1km。

③非期望产出 PM2.5 数据来源于大气成分分析组织利用美国宇航局提供的 MODIS、MISR 等遥感数据反演得出的栅格数据集，空间分辨率为 0.01° × 0.01°，利用 ArcGIS 软件的分区统计求均值功能，获得各城市 PM2.5 指数。

④全社会固定资产存量按照张军[89]和单豪杰[90]的做法，首先，确定基期（2004 年）的固定资产存量，再利用永续盘存法测算每年度固定资产存量：$K_{i,t}=I_{i,t}+(1-\delta_{i,t})K_{i,\text{t-1}}$，[91]其中 $K_{i,t}$、$I_{i,t}$、$\delta_{i,t}$ 分别为 t 年固定资产存量、t 年新增固定资产投资，以及固定资产折旧率。并设定固定资产年折旧率为 9.6%[70]。

① 现有全国范围城市尺度统计数据《中国城市统计年鉴》所含“城市建设用地面积”指标为市辖区口径并非全市指标，但本书中各样本为全市。利用遥感影像获得的建设用地则包括全市范围内的城镇用地（大、中、小城市及县镇以上建成区用地）、农村居民点（独立于城镇以外的农村居民点）、其他建设用地（厂矿、大型工业区、油田、盐场、采石场等用地以及交通道路、机场及特殊用地），统计更为全面。

② 《中国区域经济统计年鉴》包含“耕地面积”指标，但《中国区域经济统计年鉴》只出版到2014年，造成 2013 年后耕地面积指标不可获，而遥感数据解译的耕地面积则可以获取。

③ DMSP/OLS 全球夜间灯光数据时间段为 1998—2013 年，故根据 2012—2013 的年增长率推算 2014—2016 年能源消耗指数。

⑤城市经济、社会、环境指标数据来源于《中国城市统计年鉴（2005—2017）》《中国区域经济统计年鉴（2005—2014）》，以及各省份的统计年鉴，缺失数据查找相应城市对应年份的《国民经济和社会发展统计公报》补齐，若仍缺失，则利用线性插值补齐。

3.1.2 绿色全要素生产率测算模型

本书采用 EBM-Global Malmquist Luenberger 模型来测度城市绿色全要素生产率。首先，构建包含非期望产出的超效率 EBM（Epsilon-based measure）模型。EBM 模型由 Tone 和 Tsutsui[92] 提出，通过放宽径向函数投入要素同比例缩减的假定，兼容投入前沿值与实际值的径向比例，以及投入差异化的非径向松弛。实现数据包络分析中径向与非径向两种方法的有效结合。以 EBM 模型为基础，纳入环境非期望产出，并设定超效率、非导向，构建模型规划式如下[93][94]。

$$r^* = min \frac{\theta - \varepsilon^- \sum_{i-1}^{m} \frac{w_i^- s_i^-}{x_{i0}}}{\varphi + \varepsilon^+ (\sum_{r=1}^{s} \frac{w_r^+ s_r^+}{y_{r0}} + \sum_{p=1}^{q} \frac{w_p^{u-} s_p^{u-}}{u_{p0}})}$$

$$s.t. \sum_{j=1}^{n} x_{ij}\lambda_j + s_i^- = \theta x_{i0}$$

$$\sum_{j=1}^{n} y_{rj}\lambda_j - s_r^+ = \phi y_{r0}$$

$$\sum_{j=1}^{n} u_{pj}\lambda_j + s_p^- = \phi u_{p0}$$

式中：r^* 为 EBM 模型测度的最优效率值；x_{i0}、y_{r0}、u_{p0} 分别表示 DMU_0 的投入、期望产出和非期望产出；s_i^-、s_r^+、s_p^- 分别表示 DMU_0 的投入松弛、期望产出松弛和非期望产出松弛；w_i^-、w_r^+、w_p^{u-} 表示各项投入指标、期望产出和非期望产出的相对重要程度，并且满足 $\sum_{i=1}^{m} w_i^- = 1\ (w_i^- \geqslant 0)$、$\sum_{i=1}^{m} w_r^+ = 1\ (w_r^+ \geqslant 0)$、$\sum_{i=1}^{m} w_p^+ = 1\ (w_p^+ \geqslant 0)$；$\theta$ 是径向条件下的效率值，可以通过计算得到；ε 是 EBM 模型中代表非径向部分重要程度的核心参数，其取值

范围是［0,1］。当 $\varepsilon=0$ 时，EBM 模型相当于径向 CCR 模型；当 $\theta=\varepsilon=1$ 时，EBM 模型相当于非径向 SBM 模型。

其次，构造 Global Malmquist-Luenberger（GML）指数并进行分解，测算城市绿色全要素生产率及其分解项的动态变化状况。选用 GML 指数是因为其能够避免 Malmquist-Luenberger（ML）指数存在的非传递性和潜在的线性规划无解问题等缺陷[95]。公式如下[96]：

$$
\begin{aligned}
GML\_GTFP_t^{t+1} &= \frac{1+\vec{D}_0^G(x^t, y^t, b^t; g^t)}{1+\vec{D}_0^G(x^{t+1}, y^{t+1}, b^{t+1}; g^{t+1})} \\
&= \frac{1+\vec{D}_0^t(x^t, y^t, b^t; g^t)}{1+\vec{D}_0^t(x^{t+1}, y^{t+1}, b^{t+1}; g^{t+1})} \\
&\quad \times \left[\frac{1+\vec{D}_0^G(x^t, y^t, b^t; g^t)}{1+\vec{D}_0^t(x^t, y^t, b^t; g^t)} \times \frac{1+\vec{D}_0^{t+1}(x^{t+1}, y^{t+1}, b^{t+1}; g^{t+1})}{1+\vec{D}_0^G(x^{t+1}, y^{t+1}, b^{t+1}; g^{t+1})}\right] \\
&= GML\_GEC_t^{t+1} \times GML\_GTC_t^{t+1}
\end{aligned}
$$

其中，$GML\_GTFP_t^{t+1}$ 表示绿色全要素生产率指数；$GML\_GEC_t^{t+1}$ 表示绿色技术效率指数，表示政策与制度变革等发展环境因素变化对资源配置效率造成影响，而使实际生产状况与生产前沿面相对位置发生变化；$GML\_GTC_t^{t+1}$ 表示绿色技术进步指数，表示技术创新或引入先进技术推动的生产前沿面外移[56]。$GML\_GTFP_t^{t+1}$、$GML\_GEC_t^{t+1}$、$GML\_GTC_t^{t+1}$ 大于 1 则表明 t 至 t+1 期，绿色全要素生产率、绿色技术效率、绿色技术进步指数，小于 1 则降低。需要注意的是，由于上述指数为 GTFP、GEC、GTC 的变化率，并非绿色全要素生产率、绿色技术效率、绿色技术进步指数的各年度绝对数值，因此，参照既有研究的常规做法[97][98][99][100]，假设2004年基期的城市绿色全要素生产率、绿色技术效率、绿色技术进步均为 1，再与相应指数逐年累乘，进而得到各城市 2005—2016 年最终的绿色全要素生产率、绿色技术效率、绿色技术进步指数。

3.2 测算结果及分析

3.2.1 城市绿色全要素生产率测算结果

按照前文设计的城市绿色全要素生产率测算指标体系并制备测算数据，应用 EBM-Global Malmquist-Luenberger 方法，首先，将获得绿色全要素生产率的 GML 指数，逐年累乘可获得当期城市绿色全要素生产率的绝对数值。由于测算城市数量较多（284 个），时间序列较长（2005—2016 年），故无法以列表形式报告各城市各年份的绿色全要素生产率测算结果，因此，按照组间方差最大、组内方差最小的思路，利用 Jenks 自然最佳断裂点法，对 2005、2009、2013、2016 年四个截面年份的绿色全要素生产率进行聚类并可视化①。

从总体看，全国城市绿色全要素生产率水平格局与经济增长版图错位。绿色全要素生产率较高的区域并不是传统意义上经济发展水平较高的区域，这主要归因于虽然诸如京津冀、长三角、珠三角等的中国经济增长强劲地区的经济产出十分瞩目，但是在要素投入、环境污染排放等方面同样规模庞大。这说明提高经济产出水平并非能源投入和环境负产出等约束性条件下推动城市绿色发展的充分条件。换言之，城市经济增长只是城市绿色发展的一个必要条件。然而正是城市经济增长版图与绿色全要素生产率水平格局的错位，使得本书展开探讨旅游业经济增长是否对旅游目的地绿色全要素生产率增长有积极影响更加富有意义。因为，旅游业经济增长效应的研究成果已十分丰富且成熟，赵磊（2013，2015，2017，2018）通过多角度的实证研究，证实了旅游导向型经济增长假说在中国情境下是成立的[101][102][103][104]。但是现在看来，假定旅游业仅仅通过促进旅游目的地经济产出增长，似乎难以推动目

① 限于篇幅，城市绿色全要素生产率时空格局结果备索。

的地整体的绿色发展。倘若后续研究能够证实旅游业促进目的地绿色全要素生产率增长这一假说成立，则暗示着其中蕴含着更为复杂的作用机制。

从分区域的演变情况看，测算结果显示中国东北部（黑龙江、吉林、辽宁、内蒙古等省份）、东南沿海（浙江、福建、广东等省份）等地区的绿色全要素生产率在研究时段内均产生一定变化。但是，研究又发现，中国中部地区长久以来是绿色全要素生产率的低值区，并且这一空间格局在研究时段内保持稳定，除此之外，山东半岛、江苏省、成渝城市群则是绿色全要素生产率较高的地域，并且空间格局也保持稳定。

从单体城市的测度结果看，四个截面年份中，绿色全要素生产率排名均位于前三十的城市包括达州市、包头市、无锡市、鄂尔多斯市、六盘水市、南通市、三亚市、威海市、佛山市、广安市、泸州市 11 个城市，这些是绿色全要素生产率较高且较为稳定的城市。绿色全要素生产率排名均位于后三十的城市包括十堰市、商丘市、宿州市、平顶山市、驻马店市 5 个城市，上述城市是绿色全要素生产率较低且较为稳定的城市，均位于湖北、河南、安徽等中部省份。

3.2.2 城市绿色全要素生产率结果分析

3.2.2.1 区域差异分析

首先，分析城市绿色全要素生产率区域间的差异。按照研究惯例，本书按照从属地域板块，将研究样本中 284 个城市划分为东部城市、中部城市、西部城市[①]三个子样本。利用 Stata 软件的核密度分析，绘制出全国、东部、中部、西部城市绿色全要素生产率的核密度分布曲线（不区分年份），横轴为绿色全要素生产率数值，纵轴为核密度值，结果见图 3–2。

综合全部年份来看，结果发现：第一，就核密度曲线形态而言，各区域

① 本书东部地区城市包括北京、河北、天津、辽宁、山东、江苏、上海、浙江、福建、广东、海南 11 个省份所辖的 102 个城市，中部地区包括吉林、黑龙江、山西、河南、安徽、湖北、江西、湖南 8 个省份所辖的 100 个城市，西部地区包括内蒙古、新疆、青海、甘肃、宁夏、陕西、云南、四川、重庆、贵州、广西 11 个省份所辖的 82 个城市。

城市绿色全要素生产率核密度曲线均为单峰形态，且达到峰值后，核密度以较快速度下降。第二，就各条核密度曲线到达峰值先后顺序而言，由先到后依次为中部城市、西部城市、东部城市。第三，就核密度曲线峰值大小而言，由小到大依次为东部城市、西部城市、中部城市。结合表 3-2 中具体数值，2005—2016 年中部城市绿色全要素生产率均值最低，西部城市次之，东部城市最高。第四，就组内差异性而言，中部城市绿色全要素生产率的分布最为集中，核密度曲线的峰值高于东部城市、西部城市，说明中部城市绿色全要素生产率组内差异不明显，绿色全要素生产率水平大量集中于 1.05 附近，其他绿色全要素生产率取值处核密度值迅速下降，这可能是由于中部城市所属省份地域范围不大，资源禀赋、产业结构、经济水平、自然资源等异质性并不显著造成的。而东部区域城市绿色全要素生产率所处区间则分布更为均衡，西部城市次之。这意味着东部地区城市间绿色全要素生产率存在较大差异，说明该地区各城市之间可能存在较强的“马太效应”。

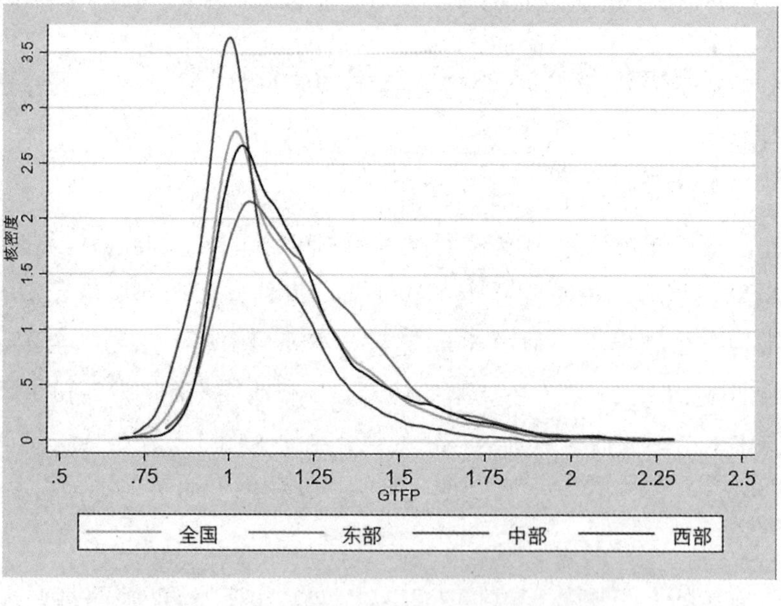

图 3–2　城市绿色全要素生产率核密度图

Fig 3–2　Kernel Density Estimation of Urban GTFP

3.2.2.2 时序变化特征

接下来，为了更清晰地反映中国城市绿色全要素生产率在研究时间序列中的变化趋势，分别计算每个年度全国和三个区域城市的绿色全要素生产率均值及年增长率，结果见表 3-2，并进一步绘制城市绿色全要素生产率变动情况（见图 3-2），城市绿色全要素生产率的变化率变动情况（见图 3-3）。

表 3-2　分区域城市绿色全要素生产率年度统计

Tab 3-2　Annual average of urban GTFP

年份	全国		东部		中部		西部	
	GTFP	增长率	GTFP	增长率	GTFP	增长率	GTFP	增长率
2005	1.00713	0.713%	1.01228	1.228%	0.99396	−0.604%	1.01695	1.695%
2006	1.02295	1.571%	1.04114	2.851%	0.99192	−0.205%	1.03908	2.176%
2007	1.0441	2.068%	1.07722	3.465%	0.99763	0.576%	1.06165	2.172%
2008	1.07209	2.681%	1.11886	3.866%	1.01150	1.390%	1.09136	2.798%
2009	1.10415	2.990%	1.16798	4.390%	1.02091	0.930%	1.13286	3.803%
2010	1.14328	3.544%	1.21852	4.327%	1.04316	2.179%	1.18101	4.250%
2011	1.16600	1.987%	1.24789	2.410%	1.06243	1.847%	1.20032	1.635%
2012	1.20075	2.980%	1.28718	3.149%	1.09284	2.862%	1.23531	2.915%
2013	1.20562	0.406%	1.28555	−0.127%	1.09553	0.246%	1.25097	1.268%
2014	1.23879	2.751%	1.32507	3.074%	1.11747	2.003%	1.29182	3.265%
2015	1.27879	3.229%	1.37389	3.684%	1.15016	2.925%	1.33104	3.036%
2016	1.37483	7.510%	1.46567	6.680%	1.24802	8.508%	1.42870	7.337%
均值	1.15003	2.688%	1.21113	3.237%	1.06636	2.091%	1.18236	3.018%

注：结果采取几何均值方法获得。2005 年增长率以假定 2004 年绿色全要素生产率为 1 计算得出。

结果发现：第一，从城市绿色全要素生产率年度均值看，全国和东部、中部、西部的城市绿色全要素生产率年度均值呈现总体上升的态势。王兵[105]（2010）、李兰冰[106]（2015）、郑婷婷[107]（2019）等的研究也得出了相似结论。就全国城市整体而言，城市绿色全要素生产率年度均值由 2005 年的 1.00713 上升至 2016 年的 1.37483，十二年间绿色全要素生产率累计增长 36.51%，年均增长 2.688%，比王兵等人（2010）所测算中国 1998—2007 年环境全要素生产率年均增长率 1.8% 的结果[106]略高，说明中国资源节约和环境友好的经济发展方式的渐进式转轨，加速了绿色全要素生产率增长。全国各年份基本处于持续上升的态势，仅在 2012—2013 年出现了绿色全要素生产率的短期停滞，说明 2005—2016 年，中国城市绿色全要素生产率持续改善。就分区域对比而言，东部地区城市绿色全要素生产率改善幅度最大（累计增长 44.79%，年均增长 3.237%），其次为西部地区城市（累计增长 40.49%，年均增长 3.018%）、中部地区城市（累计增长 25.56%，年均增长 2.091%），即形成了“中部塌陷”现象。屈小娥（2012）通过估算中国各省份环境约束下的全要素生产率，也发现中部地区的长江中游和黄河中游省份的环境全要素生产率低于全国其他地域[64]。这并不是偶然现象，卢丽文等（2017）在对长江经济带城市绿色全要素生产率的测算中发现长江经济带区域也具有明显的绿色全要素生产率“中部塌陷”特征[56]。

第二，从城市绿色全要素生产率变化率变化情况看，全国和东部、中部、西部的城市绿色全要素生产率变化率的变化情况表现出一定收敛趋同性，总体上呈现“N”形波动上升的态势。就全国城市整体而言，各年度绿色全要素生产率的变化率保持为正并波动上升，说明全国城市绿色全要素生产率年均值不断改善，且改善速率加快，体现中国生态文明建设和绿色发展进程加速，态势良好。具体而言，各年度间的波动表现为 2005—2009 年绿色全要素生产率变化率逐年递增（2005 年为 0.713%，至 2010 年增加至 3.544%），2011—2013 年绿色全要素生产率变化率波动下降（2011 年为 1.987%，到 2013 年下降至 0.406%），2014—2016 年绿色全要素生产率变化率迅速上升（2014 年为 2.751%，到 2016 年增加至 7.510%）（见图 3-3）。就分区域对比而言，虽然各区域的变化率变化总体趋势具有共性，但仍存在差异性，除了各年份变化率大小不同，在变化过程上，中部区域城市绿色全要素生产率变化率变动更为剧烈，体现在 2013 年变化率仅为 0.246%，但随后几年中迅速上升，到 2016 年达到 8.508%，一举超过东部区域城市（6.680%）和西部区域城市（7.337%），说明中部城市近些年绿色全要素生产率改善速度明显提升，未来有望进一步缩小中部城市与东部、西部城市的绿色全要素生产率差距（见图 3-4）。

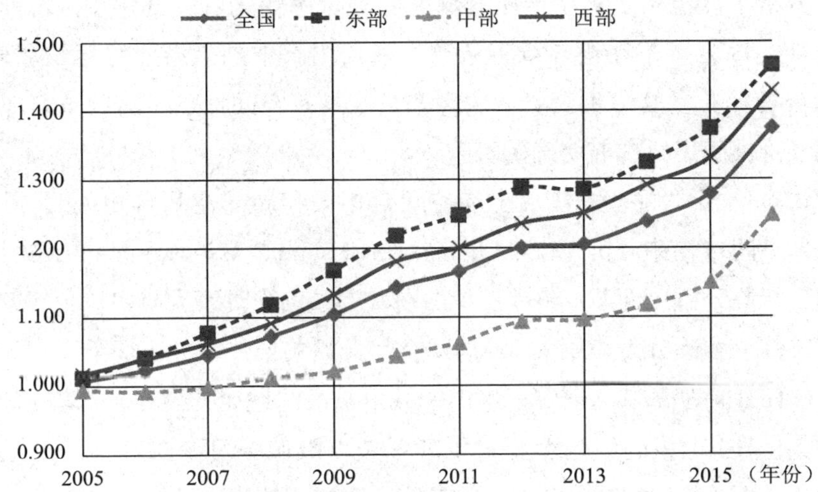

图 3-3　分区域城市绿色全要素生产率变动情况

Fig 3-3　Changes in Urban GTFP

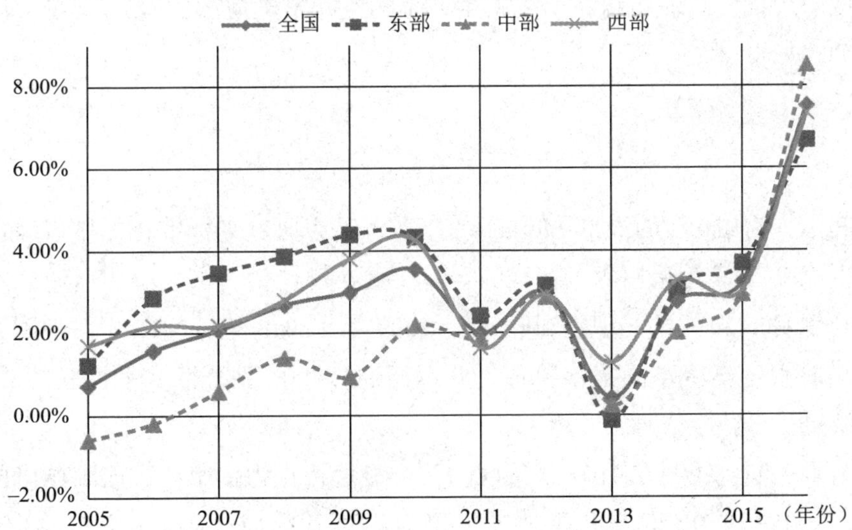

图 3-4　分区域城市绿色全要素生产率变化率变动情况

Fig 3-4　Changes in Urban GTFP Growth Rate

3.2.2.3 空间集聚规律

在分析了绿色全要素生产率区域差异和时序变化后，进一步探讨其空间集聚规律。因为本书在第 5 章将从空间视角揭示中国旅游业绿色发展效应，而作为被解释变量的绿色全要素生产率是否具有空间性，是后续章节应用空间计量经济模型需要提前明确的。

探讨空间相关性一般包括全局空间自相关和局部空间自相关两种形式。鉴于局部空间自相关分析（Local Indicators of Spatial Association，LISA）较全局空间自相关分析①而言，能进一步识别城市绿色全要素生产率在相邻城市中的自相关性。本部分先应用 LISA 局部空间自相关划分 4 种集聚类型。其中高高集聚（H-H）为高绿色全要素生产率城市被高绿色全要素生产率城市包围，高低集聚（H-L）为高绿色全要素生产率城市被低绿色全要素生产率城市包围、低高集聚（L-H）为低绿色全要素生产率城市被高绿色全要素生产率城市包围、低低集聚（L-L）为低绿色全要素生产率城市被低绿色全要素生产率城市包围。以期发现城市绿色全要素生产率的空间聚类规律，LISA 局部空间自相关公式如下[108]。

$$I_i = Z_i \sum_{i \neq 1}^{n} w_{ij} Z_j$$

其中 I_i 为城市 i 的局部 Moran's I 指数，Z_i 为通过 Z 标准化的城市绿色全要素生产率，W_{ij} 为采用邻近标准的空间权重矩阵。

利用 GeoDa 软件，识别 2005 年、2009 年、2013 年、2016 年的中国城市绿色全要素生产率空间集聚特征，并返回通过 0.01 显著性水平检验的 LISA 聚类结果②。

结果表明：①对于 H-H 集聚区，几个显著特点为：第一，成渝城市群的崛起，2005—2009 年未出现 H-H 集聚为不显著区域，而 2009—2013 年逐

① 全局空间自相关分析结果报告于 5.1 中。

② 限于篇幅，城市绿色全要素生产率局部空间自相关结果备索。

渐形成绿色全要素生产率 H-H 集聚区，且到了 2016 年，H-H 集聚板块面积不断扩大并形成连续地域。主要是因为成渝城市群位于长江中上游，山水生态禀赋良好，而且是中国推进新型城镇化建设的重要示范区，近年来随着长江经济带“生态优先、绿色发展”国家战略的稳步推进，成渝城市群相关城市的电子信息、装备制造和金融等产业高速发展，形成了绿色发展的良好态势。第二，内蒙古中部与陕西北部（呼和浩特市、鄂尔多斯市、巴彦淖尔市、包头市、榆林市）2005 年存在的 H-H 集聚不断缩小，到 2016 年则基本消失。上述地区自然资源和能源储量丰富，依赖能源经济，经济产出相对高，而且地广人稀，人地关系相对缓和。例如，鄂尔多斯人均 GDP 甚至超过上海等经济发达地区城市，造成绿色全要素生产率计算数值较高。近些年资源环境约束加强的情况下，上述地区所依赖的能源经济效益下降并处于产业转型升级的过渡期，因此 H-H 集聚区退化为不显著区域。第三，东部沿海地区城市出现了 H-H 集聚区，但 H-H 集聚区面积有波动，在 2009 年的区域面积最大。②对于 L-L 集聚区，有两个显著特征：第一，中国东北部的黑河市、伊春市、佳木斯市、双鸭山市、鸡西市、牡丹江市、呼伦贝尔市等城市在 2005 年为不显著区域，而到了 2009 年则退化为绿色全要素生产率的 L-L 集聚区，并且一直维持到 2016 年仍存在。出现这种退化趋势，归因于原先中国东北部自然资源禀赋丰富、生态环境优良，同时工业化基础较好、经济产出较高，因而绿色全要素生产率水平尚可，但是近些年东北地区受制于产业结构落后和营商环境不佳，东北地区经济增长疲软，经济产出逐渐下滑，造成城市绿色全要素生产率降低并形成连片地带。第二，中部地区城市的绿色全要素生产率 L-L 集聚区自 2005 年即存在，随着时间的推移，重心位置保持稳定，且集聚区面积有所扩大。主要涉及河南、安徽西部、湖北中西部、湖南北部、陕西南部、山西南部等城市。一个可能的原因是，中国中西部区域承接了东部地区资源消耗型和污染高排放的产业转移，而在绿色发展道路上受到明显抑制。对于上述区域，要从宏观层面，对承接产业加强甄别，同时提高环境规制强度。③对于 H-L 集聚区和 L-H 集聚区，该类型城市数量较少，未形成连片区域，且零星出现在这两种集聚区的周边，少部分出现在这两种集聚区的内部。

3.2.3 城市绿色全要素生产率的分解

对城市绿色全要素生产率进行分解有助于识别中国城市绿色全要素生产率的增长源泉，也是后续章节探讨旅游业发展影响城市绿色全要素生产率增长源泉的基础。按照前文介绍过的 GML 公式，利用 Maxdea 软件并通过累乘将绿色全要素生产率分解为绿色技术效率、绿色技术进步。

3.2.3.1 绿色技术效率

采用与前文相同的分析手段，首先利用 Stata 软件的核密度分析，绘制全国、东部、中部、西部城市绿色技术效率的核密度分布图（不区分年份），分析城市绿色技术效率的区域间差异，结果见图 3-6[①]。

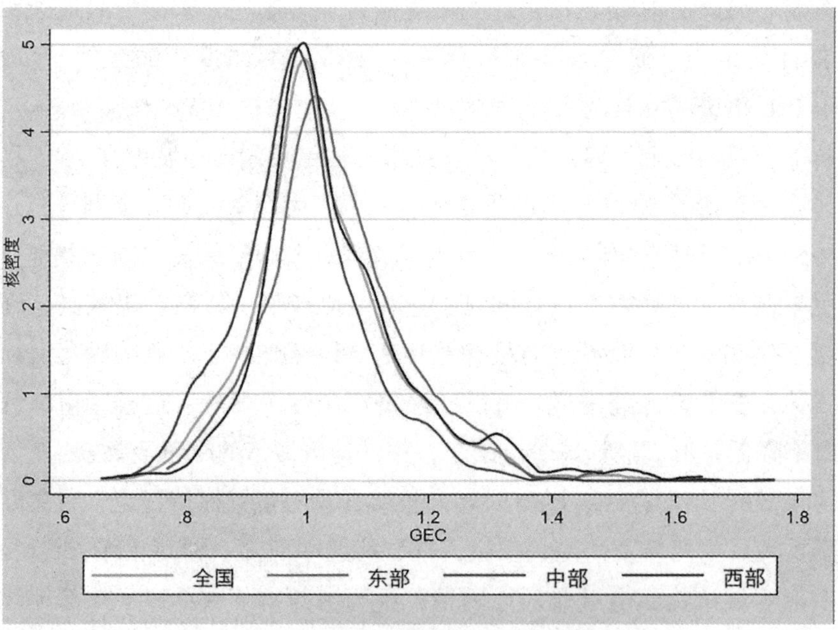

图 3-6　城市绿色技术效率核密度图

Fig 3-6　Kernel density estimation of urban GEC

① 限于篇幅，城市绿色技术效率时空格局结果备索。

综合全部年份来看，结果发现：第一，就核密度曲线形态而言，东部、中部区域城市绿色技术效率核密度曲线均为单峰形态，而西部区域城市绿色技术效率存在第二个小峰。四条核密度曲线形态对称性较好，基本以绿色技术效率峰值所处取值垂线呈轴对称。第二，就各条核密度曲线到达峰值先后顺序而言，西部城市与中部城市峰值出现顺序接近，东部城市峰值出现稍稍靠后。第三，就核密度曲线峰值大小而言，东部城市明显低于西部城市及中部城市。结合表 3-3 中具体数值，2005—2016 年，中部城市绿色技术效率均值最低（0.98265），西部城市次之（1.03914），东部城市最高（1.04000），但三组差距不大，与核密度估计图反映的结果一致。第四，就组内差异性而言，中部城市和西部城市绿色技术效率的分布最为集中，东部城市的分布较为均匀。综上情况，就绿色技术效率而言，中国的东部、中部、西部城市所反映出的组间差异不明显。

表 3-3　分区域城市绿色技术效率年度统计

Tab 3-3　Annual average of urban GEC

年份	全国		东部		中部		西部	
	GEC	增长率	GEC	增长率	GEC	增长率	GEC	增长率
2005	0.99307	−0.693%	0.99763	−0.237%	0.98477	−1.523%	0.99757	−0.243%
2006	0.97951	−1.365%	0.99025	−0.740%	0.96151	−2.362%	0.98841	−0.918%
2007	0.98812	0.879%	0.99882	0.865%	0.96566	0.432%	1.00269	1.445%
2008	0.98615	−0.199%	1.00884	1.003%	0.95391	−1.217%	0.99829	−0.439%
2009	0.99333	0.728%	1.02562	1.663%	0.94821	−0.598%	1.01025	1.198%
2010	1.01292	1.972%	1.04731	2.115%	0.96151	1.403%	1.03544	2.493%
2011	1.0187	0.571%	1.04953	0.212%	0.97374	1.272%	1.03717	0.167%
2012	1.02798	0.911%	1.05748	0.757%	0.98485	1.141%	1.04571	0.823%
2013	1.05138	2.276%	1.07386	1.549%	1.00553	2.100%	1.0813	3.403%

续表

年份	全国		东部		中部		西部	
	GEC	增长率	GEC	增长率	GEC	增长率	GEC	增长率
2014	1.05129	−0.009%	1.0756	0.162%	1.00123	−0.428%	1.08445	0.291%
2015	1.05436	0.292%	1.07335	−0.209%	1.00843	0.719%	1.08877	0.398%
2016	1.07937	2.372%	1.08827	1.390%	1.04693	3.818%	1.10891	1.850%
均值	1.01919	0.639%	1.04000	0.707%	0.98265	0.558%	1.03914	0.865%

注：结果采取几何均值方法获得。2005 年增长率以假定 2004 年绿色技术效率为 1 计算得出。

接下来，分别计算每个年度全国和三个区域城市的绿色技术效率均值，以反映中国城市绿色技术效率在研究时间序列中的变化趋势，结果见表 3-3，并进一步绘制城市绿色技术效率变动情况（见图 3-7），城市绿色技术效率变化率变动情况（见图 3-8）。

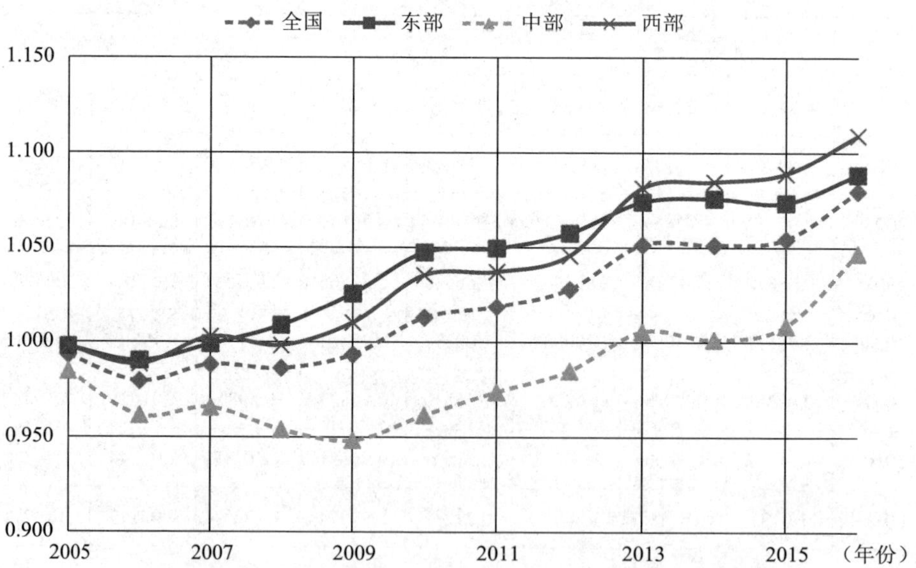

图 3-7　分区域城市绿色技术效率变动情况

Fig 3-7　Changes in urban GEC

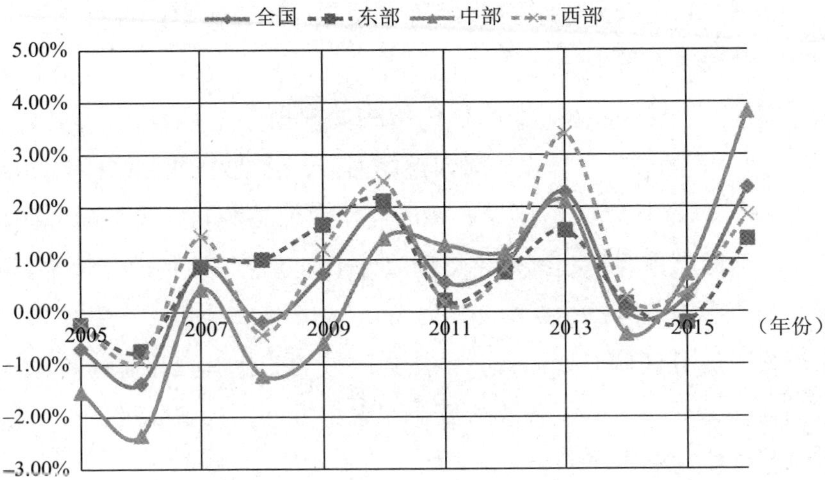

图 3–8　分区域城市绿色技术效率变化率变动情况

Fig 3–8　Changes in Urban GEC Growth Rate

结果发现，第一，从城市绿色技术效率年度均值变化情况看。总体上，东部、西部的城市绿色技术效率年度均值呈现总体上升的态势，西部城市在 2012 年以前与东部城市绿色技术效率变化情况基本同步，但是在 2012—2013 年实现对东部城市的超越，并在 2013—2016 年将绿色技术效率领先程度进一步扩大。中部城市绿色技术效率呈现先降后升的“U”形变化趋势，先经历了 2005—2009 年的绿色技术效率下降过程，随后快速上升，并于 2015-2016 年迅速缩小与东部地区城市和西部地区城市的差距。就全国城市整体而言，城市绿色技术效率年度均值由 2005 年的 0.99307 上升至 2016 年的 1.07937，十二年间绿色技术效率累计增长 8.69%，年均增长 0.639%，且各年份基本处于持续上升的态势，仅在 2005—2006 年、2007—2008 年出现绿色技术效率短暂时期下降。分区域看，西部地区城市绿色技术效率改善幅度最大（累计增长 11.16%，年均增长 0.865%），其次为东部地区城市（累计增长 9.09%，年均增长 0.707%）、中部地区城市（累计增长 6.31%，年均增长 0.558%）。与前文绿色全要素生产率结果结合看，说明中国城市绿色全要素生产率改善的主要源泉并非城市绿色技术效率的提升。东部城市除了 2005—2006 年、

2014—2015 年存在小幅下降，其余年份均呈稳步上升趋势。

第二，从城市绿色技术效率变化率变化情况看。全国和东部、中部、西部的城市绿色技术效率变化率的变化情况展现出一定耦合性，总体上呈现“W”形波动上升的态势。就全国城市整体而言，除 2005 年、2006 年、2008 年、2014 年以外，其余年度绿色技术效率的变化率保持为正，说明研究时段中，大部分年份全国城市绿色技术效率年均值处于改善状态，但改善速率有波动，其中增长较快的年份为 2010 年、2013 年、2016 年，均以 2% 左右的年增长率迅速增长。就分区域对比而言，虽然各区域的变化率变化总体趋势具有共性，但仍存在差异性，除了各年份变化率大小不同，在变化过程上，东部区域城市绿色技术效率变化率变动稍为缓和[①]。

3.2.3.2 绿色技术进步

首先，利用 Stata 软件的核密度分析，绘制全国、东部、中部、西部城市绿色技术进步的核密度分布图（不区分年份），分析城市绿色技术进步的区域间差异，结果见图 3–9。

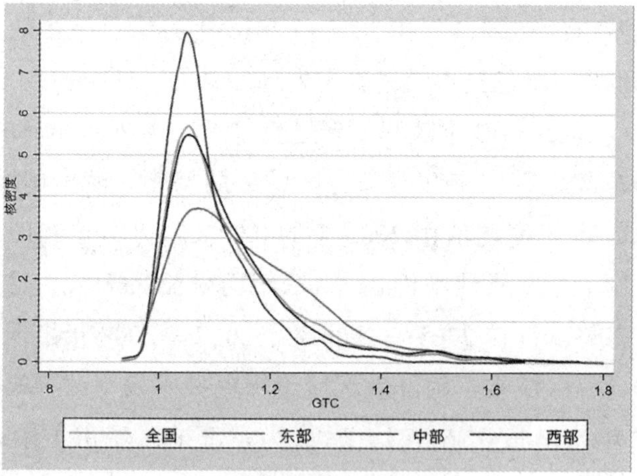

图 3–9　城市绿色技术进步核密度图

Fig 3–9　Kernel density estimation of urban GTC

① 限于篇幅，城市绿色技术进步时空格局备索。

结果发现，综合全部年份来看，各区域城市绿色技术进步核密度曲线均为单峰长尾形态，达到峰值后，中部地区城市核密度下降速度最快，西部次之，东部下降速度较慢。就各条核密度曲线到达峰值先后顺序而言，东部城市、西部城市与中部城市峰值出现时间十分接近，表明三个区域城市的绿色技术进步均集中于一个特定水平（1.06 附近）。就核密度曲线峰值大小而言，三个区域城市差异较大，中部城市峰值明显高于西部，西部明显高于东部。核密度曲线形态上，中部城市曲线长尾特征最明显，东部地区长尾特征最微弱。结合表 3-4 中具体数值，2005—2016 年，东部城市绿色技术进步最高（1.16454），西部城市次之（1.13782），中部城市均值最低（1.08518），表明这一阶段内，东部城市和西部城市的技术前沿面外延程度较大。综上情况，结合绿色技术效率结果，研究发现，中国各地域城市绿色全要素生产率的组间差异主要来源于绿色技术进步。

接下来，分别计算每个年度全国和三个区域城市的绿色技术进步均值，以反映中国城市绿色技术进步在研究时间序列中的变化趋势，结果见表 3-4，并进一步绘制城市绿色技术进步变动情况（见图 3-10），城市绿色技术进步变化率变动情况（见图 3-11）。

表 3-4　分区域城市绿色技术进步年度统计

Tab 3-4　Annual average of urban GTC

年份	全国		东部		中部		西部	
	GTC	增长率	GTC	增长率	GTC	增长率	GTC	增长率
2005	1.01416	1.416%	1.01469	1.469%	1.00934	0.934%	1.01942	1.942%
2006	1.04435	2.977%	1.05139	3.617%	1.03163	2.208%	1.05127	3.124%
2007	1.05665	1.178%	1.07849	2.578%	1.03311	0.143%	1.0588	0.716%
2008	1.08714	2.886%	1.10906	2.835%	1.06037	2.639%	1.09324	3.253%
2009	1.11156	2.246%	1.13881	2.682%	1.07667	1.537%	1.12136	2.572%
2010	1.12869	1.541%	1.16348	2.166%	1.08491	0.765%	1.14059	1.715%
2011	1.14459	1.409%	1.18901	2.194%	1.09108	0.569%	1.1573	1.465%

续表

年份	全国		东部		中部		西部	
	GTC	增长率	GTC	增长率	GTC	增长率	GTC	增长率
2012	1.16806	2.051%	1.21721	2.372%	1.10965	1.702%	1.18132	2.076%
2013	1.14671	−1.828%	1.19714	−1.649%	1.0895	−1.816%	1.15691	−2.066%
2014	1.17835	2.759%	1.23194	2.907%	1.1161	2.441%	1.19123	2.967%
2015	1.21285	2.928%	1.27999	3.900%	1.14055	2.191%	1.22252	2.627%
2016	1.27374	5.020%	1.34679	5.219%	1.19208	4.518%	1.28838	5.387%
均值	1.12837	2.037%	1.16454	2.512%	1.08518	1.524%	1.13782	2.134%

注：结果采取几何均值方法获得。2005 年增长率以假定 2004 年绿色技术进步为 1 计算得出。

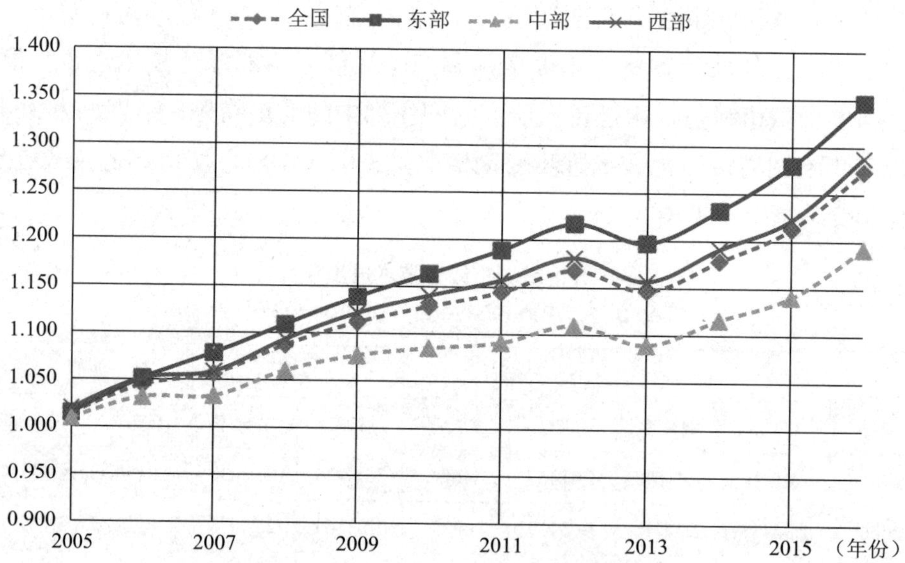

图 3–10　区域城市绿色技术进步变动情况

Fig 3–10　Changes in urban GTC

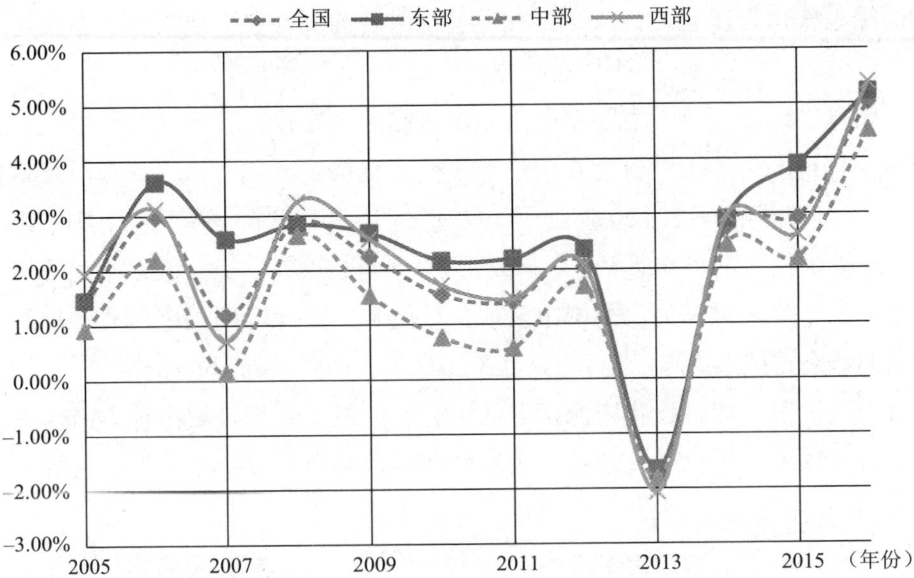

图 3-11　分区域城市绿色技术进步变化率变动情况

Fig 3-11　Changes in Urban GTC Growth Rate

结果发现，第一，从城市绿色技术进步年度均值看，全国和东部、中部、西部的城市绿色技术进步年度均值呈现稳步上升的趋势。就全国城市整体而言，城市绿色技术进步年度均值由 2005 年的 1.01416 上升至 2016 年的 1.27374，十二年间绿色技术进步累计增长 25.60%，年均增长 2.037%。各年份基本处于持续上升的态势，仅在 2012—2013 年出现绿色技术进步的短期下降，也就是前文同期全国城市绿色全要素生产率停滞的原因。总体看，2005—2016 年，中国城市绿色技术进步持续改善。就分区域对比而言，东部地区城市绿色技术进步改善幅度最大（累计增长 32.73%，年均增长 2.512%），其次为西部地区城市（累计增长 26.38%，年均增长 2.134%）、中部地区城市（累计增长 18.10%，年均增长 1.524%）。这一测算结果与刘华军（2018）对中国绿色全要素生产率的地区差异的研究结果极其接近，在他的测算结果里，2001—2013 年中国东部的技术进步增长最快（年均增长 2.24%），西部次之（2.04%），中部最低（1.24%）[109]。东部地区、中部地区、西部地区三大区域的绿色技术进步差距拉大。这一排名结果与前文绿色全要素生产率变化结果相一致，一定程度上说明促进中国城市绿色全要素生产率提升“单一源泉”特征明显，绿色全要素生产率主要是依靠绿色技术进步实现的，且绿色技术进步变化情况决定了绿色全要素生产率的变化情况。这一结论与众多文献相呼应，刘瑞翔等人（2012）实证了1995—2010年，资源环境约束下中国经济增长绩效由技术进步推动而非效率改善[110]。汪克亮（2015）在对中国分省绿色全要素生产率增长的研究中也发现，全国和三大地区的绿色全要素生产率增长的源泉是技术进步[71]。徐晓红（2016）也得到了相同的结论[52]。因此，宏观上应该重点通过优化资源配置效率、生产效率、规模效率等方面促进效率改善，以形成效率改善和技术进步共同促进绿色全要素生产率增长的“双轮驱动”局面形成。

第二，从城市绿色技术进步变化率变化情况看，全国和东部、中部、西部的城市绿色技术进步变化率变化的耦合性特征明显，2012年以前呈现波动变化态势，2005—2008年呈现“N”形变化，2009—2011年呈现下降趋势。2013年突变下降，2014年后迅速上升。就全国城市整体而言，除2013年以外，各年度绿色技术进步的变化率保持为正，说明全国城市绿色技术进步年均值不断改善。就分区域对比而言，虽然各区域的变化率变化总体趋势具有共性，但仍存在差异性。除了各年份变化率大小不同，在变化过程上，中部区域城市绿色技术进步变化率变化波动更大。结合前文绿色技术效率变化率的变化图像，绿色技术进步变化率与其存在明显的“相互嵌入”特征，即同一年度的绿色技术效率变化率与绿色技术效率变化率一方增长，另一方则降低。余泳泽（2019）等人在对中国省域绿色全要素生产率分解时也发现了类似的现象并将其描述为“明显背离”情形[111]。

3.3 本章主要结论

本章是中国旅游业绿色发展效应研究的基础，通过测度绿色全要素生产率并以此衡量城市绿色发展水平。在构建基于多源数据的城市绿色全要素生产率测度指标体系的基础上，利用 EBM-Global Malmquist-Luenberger 模型测度和分解了 2005—2016 年中国 284 个地级及以上城市的绿色全要素生产率，并从区域差异、时序变化、空间集聚等方面对测算结果进行了细致分析。通过上述分析，形成了以下四个方面的结论：

第一，优化了城市尺度绿色全要素生产率测算手段。融合 PM2.5 气溶胶反演遥感数据、DMSP/OLS 夜间灯光数据、中国土地利用现状遥感数据在内的多源遥感数据，有效弥补了中国地级市尺度中能源消耗、土地利用、大气污染等统计指标的缺失或不完善，加强了上述指标的可获性。使得对现有研究城市尺度绿色全要素生产率测度指标体系进行丰富和完善成为可能。

第二，获得了中国城市绿色全要素生产率测算结果。全国和东部、中部、西部的城市累积绿色全要素生产率年度均值呈总体上升态势。东部城市绿色全要素生产率改善幅度最大（年均增长 3.237%），其次为西部（年均增长 3.018%）、中部（年均增长 2.091%），形成“中部塌陷”格局。全国和三大区域的城市绿色全要素生产率变化率具有一定收敛趋同性，总体呈“N”形波动上升态势。2013 年以后，中部城市绿色全要素生产率改善速度明显提升，未来中部与东部、西部绿色全要素生产率差距有望缩小。空间集聚特征方面，成渝城市群区域崛起并不断扩大形成绿色全要素生产率 H-H 集聚区，内蒙古中部与陕西北部 H-H 集聚不断缩小退化，东部沿海城市的 H-H 集聚区空间形态不稳定。中国东北部城市 2009 年后由不显著区域退化为 L-L 集聚区，中部地区城市 L-L 集聚区面积有所扩大。

第三，获得了中国城市绿色技术效率和绿色技术进步分解结果。东部、西部城市绿色技术效率年度均值波动上升，中部城市呈现先降后升的“U”形趋势。西部城市绿色技术效率改善幅度最大（年均增长 0.865%），其次为东部（年均增长 0.707%）、中部（年均增长 0.558%）。全国和东部、中部、西部城市绿色技术效率变化率变化曲线具有耦合性，总体上呈“W”形波动上升。全国和三大区域城市绿色技术进步年度均值稳步上升，但组间差距拉大。东部城市绿色技术进步改善幅度最大（年均增长 2.512%），其次为西部（年均增长 2.134%）、中部（年均增长 1.524%）。全国和三大区域绿色技术进步变化率演变状态相似，2012 年以前呈现波动变化态势，2005—2008 年呈现“N”形变化。绿色技术进步变化率与绿色技术效率变化率存在明显此消彼长的“相互嵌入”特征。

第四，推导出中国城市绿色全要素生产率增长源泉。全国整体层，城市绿色全要素生产率年均增长 2.688%，绿色技术效率年均增长 0.639%，绿色技术进步年均增长 2.037%，说明中国城市绿色全要素生产率增长源泉为绿色技术进步，而非源于绿色技术效率。绿色全要素生产率及其两个分解项的演化曲线形态，以及变化率演化曲线形态也佐证了中国城市绿色全要素生产率提升“单一源泉”特征。宏观政策上应通过优化资源配置效率、生产效率，提升规模效率等方面促进效率改善，以期形成效率改善和技术进步共同促进绿色全要素生产率增长的“双轮驱动”局面形成。

第4章

中国旅游业绿色发展效应：基本分析

在第3章表征中国城市绿色发展水平的指标绿色全要素生产率及其分解项绿色技术效率、绿色技术进步测度的基础上，从本章开始将旅游业发展与旅游目的地绿色发展置于同一分析框架之中，正式开展中国旅游业绿色发展效应的测算研究，回应中国旅游业发展是否支持了区域绿色发展这一核心命题。具体而言，本章做如下安排。首先，从理论分析层面，剖析旅游业影响城市绿色全要素生产率机理以及旅游业绿色发展效应产生空间溢出特征、非线性特征的理论基础。其次，在旅游业发展与城市绿色全要素生产率关系探索性分析的基础上，基于经典线性假设构建面板计量模型，在考虑异方差、序列相关、截面相关等问题的情况下对中国旅游业的绿色发展效应进行初步估计，进一步利用工具变量回归处理模型内生性问题。再次，设计并实施了替换核心解释变量的代理变量、动态面板估计、滞后效应、剔除样本异常值四种稳健性检验方案，验证旅游业绿色发展效应估计结果是否稳健可信。最后，进一步以绿色技术效率、绿色技术进步作为被解释变量，识别旅游业促进城市绿色全要素生产率增长的源泉路径。

4.1 旅游业绿色发展效应的机理分析

本部分从两个层次展开阐释旅游业绿色发展效应的机理：首先，在认识绿色全要素生产率及其增长源泉的基础上，分析旅游业对影响城市绿色全要素生产率的作用机制。其次，基于前述认识，进一步阐释旅游业对绿色全要素生产率影响空间溢出和非线性的理论基础。

4.1.1 旅游业影响城市绿色全要素生产率的机理

根据 Chung 等人（1997）的研究，绿色全要素生产率提升的源泉可以分解为绿色技术进步和绿色技术效率两个方面[79]，为阐释旅游业影响城市绿色全要素生产率指明了方向。

一方面，旅游业通过以下方式促进旅游目的地城市绿色技术进步：第一，旅游业通过休闲农业、工业旅游、文化旅游、旅游地产、智慧旅游等形式与关联产业融合，提升相应传统产业的经济附加值，特别是随着全域旅游和文旅融合时代的到来，“旅游+”深入融合带来的业态创新不断丰富[112]，将促进城市创新能力。第二，旅游业对旅游目的地产业结构变迁能够形成干预。其一，旅游业发展依赖于旅游目的地良好的生态环境，这将促使政府实施更加严格的环境规制政策，并且加大能源消耗和污染物排放监管力度[17]，限制不符合环境规制及政策的产业和企业发展。其二，发展旅游业将一定程度上提高旅游目的地物价水平，导致要素价格上涨，制造业和低附加值高消耗的产业被挤出，进而倒逼旅游目的地产业结构调整[113][114][115]，高级化和清洁化的产业结构势必推动目的地技术水平提高和非期望产出减量。第三，旅游业将促进目的地对外开放，旅游业发展能够形成良好的城市知名度和口碑[116]，有利于吸引外商直接投资，进而发展高新技术产业，推动城市生产前沿面外扩。

另一方面，旅游业通过以下方式影响旅游目的地城市绿色技术效率：第一，旅游业发展需要良好的区域交通条件支撑[117][118][119]，机场、高铁、城际铁路等现代交通网络的形成和覆盖，将加强旅游目的地与周边城市的合作联系，形成良好的区域经济发展区位，优化区域间物流、人流、信息流流通，从而促进区域经济效率提升。第二，旅游业不仅促使政府对旅游目的地基础设施“硬件”建设，也会推动其管理制度和政策等“软件”变革[120][121]，比如推动服务型政府和阳光政务建设，进而改善城市整体经济发展环境，优化资源配置效率。第三，旅游业通过促进目的地对外开放效应[122]所吸引的外商直接投资，可能带来先进生产技术、管理经验，也将实现生产效率的提升。第四，规模效率的提升是绿色技术效率提高的途径之一，随着上述基础配套设施的逐渐完善，新生产技术的应用推广，以及关联产业和产业融合新业态的良好发展，则有助于实现目的地生产的规模效应[123]。

综上所述，旅游业可以通过优化效应、倒逼效应、融合效应，实现旅游目的地产业关联融合、产业结构替代、发展环境优化、对外开放扩大，进而通过生产效率、资源配置效率、规模效率提升等促进绿色技术效率提升，通过污染减排、技术引进、技术创新等促进绿色技术进步。最终，本书绘制出旅游业影响城市绿色全要素生产率的影响机理过程，见图 4-1。

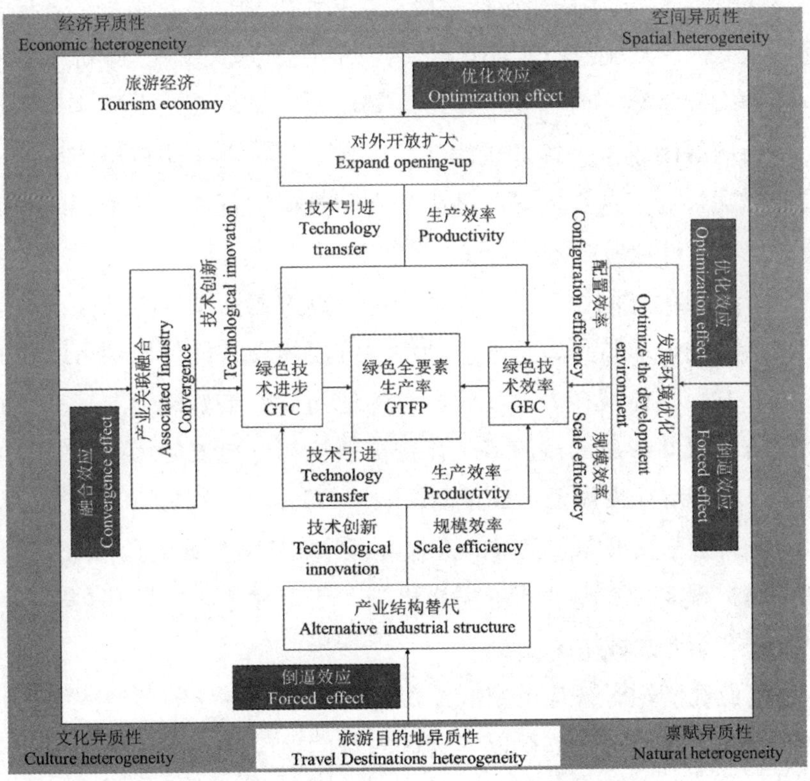

图 4-1　旅游业对绿色全要素生产率的影响机理

Fig 4-1　Mechanism of Tourism Industry on GTFP

4.1.2 旅游业绿色发展效应空间溢出的机理

在阐释旅游业对城市绿色全要素生产率影响机理的基础上，鉴于旅游产业的关联带动性和旅游活动的空间流动性，旅游业绿色发展效应可能展现一定的空间溢出特征，下面首先分析这一特征的理论基础，并在第 5 章开展实证研究。总的来说，本书认为旅游业绿色发展效应的空间溢出特征主要源于旅游业自身发展、旅游业的经济增长效应、旅游业的生态环境效应三个方面所存在的空间溢出效应。

从旅游业自身增长的空间溢出看。中国旅游产业本身的发展在空间格局上就表现为明显的非均衡性。从旅游产业发展规模看，不论从省域层面[124]还是城市层面[125][126]，中国旅游业发展存在东中西地区梯度差异，并呈现显著的空间正相关性。从旅游产业发展要素看[127][128]，也表现为明显的空间集聚特征。这种空间集聚一方面是由于地区间旅游资源禀赋、交通区位、基础设施、经济结构等因素不平衡造成的，另一方面是否由于旅游经济增长的空间溢出造成的呢？对于这个问题，不少学者已经得到肯定性结论，即当地旅游业发展会促进邻近地域旅游业发展，表现为明显的空间正外部性[129][130]。旅游经济自身增长的空间溢出主要归因于：一是旅游活动的流动性。流动性是旅游经济活动的显著特征，这种流动性一方面体现在居住地到目的地的空间转换，另一方面则体现在大尺度旅游目的地内部的旅游流动。某一目的地旅游业发展所吸引并形成的旅游流，存在扩散至邻近地域的可能，对邻地发展旅游的意愿和旅游业发展会形成正向影响。二是对区域基础设施的共享机制。某一目的地旅游业发展需要良好的人力资本（如旅游从业人员）、公共服务配套基础设施，现实中这些要素的溢出机制，使得邻近区域具有共享要素的可能，也会促进邻近区域旅游业发展。

从旅游业经济增长效应的空间溢出看。支持旅游导向型经济增长假说的大量研究表明，旅游业发展能够实现旅游目的地经济增长。在此基础上，相关学者通过空间计量等实证手段进一步证实了旅游业发展不仅能够促进旅游目的地当地的经济增长，还能够促进邻近地区的经济增长，即存在正向的空间溢出效应。之所以产生正向空间溢出，原因可能有以下三方面：一是通过旅游业自身的溢出效应实现经济增长效应的传导。某地旅游业发展正向影响邻地旅游业发展，邻地旅游业发展通过直接效应促进邻地经济增长，表现为某地旅游业对邻地经济增长的间接效应。二是依赖旅游业的关联产业融合和上下游产业综合带动。由于旅游目的地物价水平较高，一地发展旅游业所需的全部物质并不完全由当地供给，而需要邻近地区参加配套相关产业加以满足。这些配套形成的产业促进了邻近地区的经济增长。三是旅游目的地所形成的某些优质和完备的公共服务配套供给也会为邻近地区所用（例如，旅游目的地机场、高铁线路），进而为邻近地区创造更好的经济发展环境。

从旅游业生态环境效应的空间溢出看。发展旅游业对旅游目的地当地生态环境可以产生直接影响。同时，当地旅游业对邻近地区的生态环境可能产生间接影响。生态环境效应空间溢出原因与经济增长效应空间溢出原因类似，一是通过旅游业自身的溢出效应实现生态环境效应的传导。二是旅游目的地自身旅游业发展对邻近地区产业结构、业态类型形成影响，进而影响邻近地区的生态环境。在中国实践情境下，已有研究者证实了上述问题。夏莉惠（2017）的研究发现，人均旅游消费与旅游总人次对中国本省区的碳排放有显著的正向促进作用，但对邻近省区有负向的抑制作用[131]。王凯（2018）发现中国本省旅游经济规模对邻近省旅游碳排放效率产生负外部性[132]。

以上三方面溢出机制的阐释论述了旅游业在对经济产出、环境非期望产出影响上均可能存在空间溢出效应，进而对城市绿色全要素生产率的影响也可能存在空间溢出效应。

4.1.3 旅游业绿色发展效应非线性的机理

旅游业对城市绿色全要素生产率影响机制的复杂性和动态性，以及旅游目的地异质性（例如，城市空间异质性、经济异质性、文化异质性、禀赋异质性等）是旅游业绿色发展效应产生非线性效应的主要原因。

从直接影响看，非线性表现在旅游业影响目的地经济环境产出正负作用相对大小的动态变化。旅游业将增加旅游目的地旅游收入[133]，促进当地旅游就业[134]，但同时还可能引发旅游目的地通货膨胀[135]，并伴随旅游收入漏损[136]。发展旅游业需要旅游目的地良好的生态环境支撑，旅游业发展过程中，旅游目的地居民环保理念也会随之增强[137]，旅游收入也将为环境保护提供资金支持[17]。与此同时，发展旅游业造成旅游目的地自然资本消耗，旅游活动形成的碳排放、废水、固废等污染物也将对目的地资源环境造成负面影响[138]。

从间接影响看，非线性则表现在旅游业促使的关联产业融合、产业结构替代、对外开放扩大、发展环境优化等效应，可能由于旅游目的地经济发展水平高低不同，其作用时滞、主导程度和相对强弱也会发生变化。首先，随着城市经济水平提高，旅游业促进产业融合、业态创新、对外开放的条件更为成熟，现实可能性更大，致使影响绿色全要素生产率作用力更强。其次，同一作用渠道下可能产生的正反两种效应随着城市经济发展水平而此消彼长，使旅游业对绿色技术效率和绿色技术进步的影响存在非线性，进而使旅游业对绿色全要素生产率的影响机制具有非线性特征。比如，伴随旅游目的地的“荷兰病效应”（Dutch Discasc）[139][140]、“去工业化”（De-industrialization），旅游目的地产业结构既可能迈进高级化、合理化，也可能出现倒退形成“资源诅咒”（Resource Curse）[141][142]；对外开放扩大带来的外商直接投资既可能形成“污染光环”（Pollution Halo）[143][144]，也可以使旅游目的地陷入“污染天堂”（Pollution Haven）[145][146]等。

正是由于旅游业对绿色全要素生产率影响作用机制的复杂性和非线性，提示研究者有必要从城市异质性角度展开旅游业绿色发展效应的非线性研究。

4.2 旅游业与绿色发展关系的探索性分析

4.2.1 一个直观感性认识

作为旅游业绿色发展效应探索性分析的一部分，有必要首先从感性认知的角度，对旅游业与绿色发展之间的关系进行初步认识。本研究利用 Stata 软件，以城市旅游总收入的自然对数为横轴，城市绿色全要素生产率的自然对数为纵轴，描绘了两个变量间的二维散点图（涉及 2005—2016 年中国 284 个城市，共计3408个样本点），并绘制线性拟合趋势线、二次项拟合趋势线（见图 4-2）。该图像直观地展现了旅游业与城市绿色全要素生产率之间存在的正相关关系和"U"形的非线性关系。显然，这一判断过于直接简单，并不能作为城市旅游业对城市绿色发展具有正向影响效应的令人信服的直接证据，但仍为本书继续开展后续客观严谨的计量实证研究积累了感性经验。

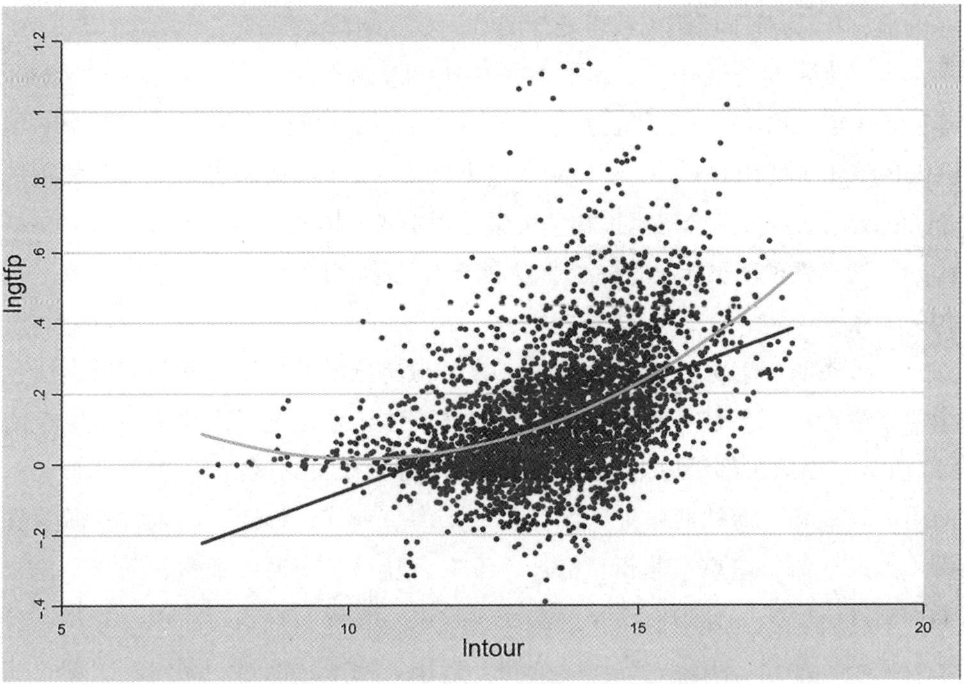

图 4-2　旅游业与绿色全要素生产率关系图

Fig 4-2　Relationship Between Tourism Industry and GTFP

4.2.2 双变量空间相关性分析

旅游业与绿色全要素生产率散点图在未考虑样本时间特征和空间特征的

情况下，提供了两个变量间关系的直观表达。在两变量关系的探索性分析中，进一步区分样本时间并将两个变量的局部地理关联性纳入考量，解释区域旅游业与邻域城市绿色全要素生产率的相互依赖程度和空间关联局部特征。以此加深对旅游业与城市绿色全要素生产率关系的认识。表达式如下：

$$I_{lm}^{j}=z_{m}^{j}\cdot\sum_{i-1}^{n}W_{iq}\cdot z_{l}^{i}$$

式中：$z_{m}^{j}=\dfrac{X_{m}^{j}-\overline{X}_{m}}{\sigma_{m}}$；$z_{l}^{i}=\dfrac{X_{l}^{i}-\overline{X}_{l}}{\sigma_{l}}$；$X_{m}^{j}$是区域$j$的属性$m$的值；$X_{l}^{i}$是区域$i$的属性$l$的值；$\sigma_m$和$\sigma_l$分别是属性$l$和$m$的方差；$\overline{X}_m$和$\overline{X}_l$分别是属性$l$和$m$的均值；$W_{ij}$为基于反距离权重构建的空间权重矩阵。

为了揭示时空演化特征，本书在 0.01 的显著性水平上①，2005 年、2009 年、2013 年、2016 年 4 个代表性年份的双变量局部空间自相关结果。其中 H-H（High-High）型和 L-L（Low-Low）型集聚说明城市i的旅游业发展与邻近城市j的绿色全要素生产率呈正相关关系，而 H-L（High-Low）型和 L-H（Low-High）型集聚说明城市i的旅游业发展与邻近城市j的绿色全要素生产率呈负相关关系。

结果表明：①对于 H-H 集聚区，表示城市旅游业发展与其邻近城市绿色全要素生产率水平都较高。该类型集聚区不连续地出现于由北（辽宁）至南（广西）的中国东部沿海地区，形成一主一副两个集聚区。“一主”分布于东南沿海长三角、海峡西岸地区的江苏、上海、浙江、福建、广东、安徽等省份（涉及上海、南京、苏州、宿迁、淮安、盐城、南通、常州、扬州、连云港、镇江、台州、金华、湖州、温州、舟山、无锡、泰州、丽水、衢州、合肥、芜湖、池州、黄山、宣城、福州、揭阳、南平、滨州、潮州、宁德、汕尾等城市），“一副”则零星出现于环渤海地区（涉及天津、唐山、沧州、大连、青岛、烟台、东营、营口、威海、衡水等）。②对于 L-L 集聚区，表示城市旅游业发展与其邻近城市绿色全要素生产率都较低。此类集聚区空间格局相对稳定，主要集中在东北黑龙江和西北地区的陕西、甘肃、青海等省区。

① 限于篇幅，旅游业与城市绿色全要素生产率双变量空间自相关结果备索。

③对于 L-H 集聚区，表示城市旅游业发展较低，而其邻近城市绿色全要素生产率较高。此类集聚区主要集中在东南沿海地区，呈现与 H-H 集聚区镶嵌分割的空间格局。④对于 H-L 集聚区，表示城市旅游业发展较高，而其邻近城市绿色全要素生产率较低。该类集聚区空间格局较稳定，主要位于东北地区的黑龙江、吉林以及西北地区的陕西、甘肃、青海等省区。其中，位于西北地区的 H-L 集聚区与 L-L 集聚区交错镶嵌。⑤大部分城市处于旅游业发展与绿色全要素生产率双变量空间自相关的未通过 0.01 显著性水平的不显著区域，此类城市个数研究时期内呈现先增后减趋势。

上述结果说明旅游业发展与绿色全要素生产率在局部空间上存在显著的空间关联性，并且这种空间关联在整个研究时序中较为稳定，为第 5 章空间视角研究积累了经验。

4.3 旅游业绿色发展效应的实证分析

4.3.1 变量选取与数据来源

4.3.1.1 被解释变量

第 2 章关于区域绿色发展水平评价研究成果的文献计量和梳理结果表明，中国城市的绿色发展水平定量测算经历了由绿色发展指数（指标体系法）到绿色发展效率和绿色全要素生产率的演变过程。为了与现有研究趋势和前沿保持一致，本书采取绿色全要素生产率表征城市绿色发展水平。因此，在后续章节，将观察视角切换到绿色发展水平的具体代理变量上来。进而，首先关注旅游业对绿色全要素生产率的影响效应，以第 3 章中测得的城市绿色全要素生产率作为被解释变量，相关实证过程和结果主要集中于 4.3 中。除此之外，为进一步剖析旅游业影响绿色全要素生产率的路径，在 4.4 中，则将被解释变量替换为绿色全要素生产率的两个分解项绿色技术效率、绿色技术进步。

同时，为了消除异方差、采取弹性分析，对城市绿色全要素生产率、绿色技术效率、绿色技术进步取对数，分别用 *lnGTFP*、*lnGEC*、*lnGTC* 表示。

4.3.1.2 核心解释变量

本书研究的核心问题是探讨中国旅游业发展是否支持了区域绿色发展，因此，选择旅游业发展作为核心解释变量。在核心解释变量代理变量的选择上，旅游总收入是衡量地区旅游业发展规模的最直接和惯用指标。因此，本书以旅游总收入作为旅游业发展的代理变量。对于旅游总收入的概念界定请参见 2.2 中的核心概念界定部分。旅游目的地的旅游总收入主要包括国内旅游收入、入境旅游收入两方面。由于在相关统计年鉴中，旅游总收入并非直接纳入统计指标，本书采取将入境旅游收入乘以当年度的人民币兑换美元的平均汇率折算为人民币，并与国内旅游收入加总获得旅游总收入指标。为了消除异方差，对旅游总收入取对数，用 *lntour* 表示。

4.3.1.3 控制变量

1. 区域绿色全要素生产率影响因素的归纳

为了给本书中控制变量的选取提供理论依据，首先采取归纳的形式，将目前探讨绿色全要素生产率影响因素的代表性文献做以梳理。在代表性文献的选择方面，本书基于以下考量：第一，虽然本书的研究尺度是中国地级市层面，但是现有以城市尺度开展的绿色全要素生产率影响因素研究数量较少，因此本书同样梳理了国家尺度、省份尺度等研究尺度的研究，以确保影响因素梳理的全面性。第二，考虑到研究情景的一致性以及影响因素指标数据的可获性，本书也尽可能地选择研究对象为中国或包含中国的研究成果进行整理。第三，为了更好地把握绿色全要素生产率影响因素的研究前沿，本书多选择最近年份的相关成果，同时，也综合参考相关文献发表的期刊检索收录情况以及成果被引情况。梳理结果报告于表 4-1。

综合各研究尺度下绿色全要素生产率的影响因素研究成果，研究者们多集中于中国省份这一研究尺度上，而对较宏观的国家尺度、较微观的城市尺度研究较少。在影响因素指标选取和代理指标确定上，根据不同研究主题，上述研究体现出一定的差异性，但仍对一些指标的纳入具有共性。总体来看，有一定共性的影响因素可以归纳为：经济发展水平，对外开放水平（外商直接投资、贸易开放度、进出口总额比重），产业结构，政府行为（政府作用、地方财政支出比重），人力资本（健康人力资本、人均资本存量），创新能力（研发投入、研发强度、人均专利数、技术水平），环境规制水平（环境政策、治污投入、环境污染治理力度）。

上述结果是本书确定后文模型中控制变量的依据和参考。

表 4–1　区域绿色全要素生产率的影响因素梳理

Tab 4–1　Research on the Influencing Factors of Regional GTFP

序号	研究者	年份	影响因素		研究对象	研究尺度
			核心解释变量	控制变量		
1	齐绍洲[54]	2018	进出口贸易水平	经济发展水平、基础设施水平、金融发展水平、制度质量水平、外商直接投资、研发投入、人力资本水平	"一带一路"沿线国家	国家
2	黄秀路[147]	2017	—	利用外资水平、工业化程度、政府行为、健康人力资本、贸易开放度、金融支持水平、信息化水平	"一带一路"沿线国家	国家
3	刘华军[110]	2019	—	经济发展水平、产业结构、要素禀赋结构、能源结构、外商直接投资、城市化、市场化、全球化	中国	省份
4	傅京燕[68]	2018	二氧化硫排污权交易试点政策	研发强度、技术引进、治污投入、要素禀赋、产业结构、能源结构	中国	省份
5	郑强[148]	2018	城镇化水平	经济结构、人口结构、外商直接投资	中国	省份
6	蔡乌赶[69]	2017	环境规制	技术创新、要素结构、产业结构、外商直接投资	中国	省份

续表

序号	研究者	年份	影响因素		研究对象	研究尺度
			核心解释变量	控制变量		
7	张帆[70]	2017	金融发展水平	地方财政收入比重、地方财政支出比重、进出口总额比重、产业结构、外商直接投资、人均专利数、人均公路里程、人均教育经费、国有经济比重	中国	省份
8	尹传斌[57]	2017	—	经济发展水平、产业结构变化、对外贸易、能源消费结构、科学技术水平、环境污染治理力度	中国西部地区	省份
9	汪锋[65]	2015	—	教育投入、自主研发投入、产业结构优化、市场化改革、外商直接投资	中国	省份
10	陈阳[149]	2019	制造业集聚水平	人均资本存量、信息化水平、政府作用、对外开放程度、经济结构	中国	城市
11	李卫兵[75]	2017	二氧化硫排污费征收标准上调政策	经济发展水平、外商直接投资、产业结构、技术水平、基础设施、金融结构	中国	城市

2. 控制变量的确定

（1）经济发展水平（*lnecon*）。

有关经济增长与环境关系的研究已十分丰富。“环境库兹涅茨曲线”（Environmental Kuznets Curve，EKC）是该领域的经典假说，认为经济发展水平与环境污染排放之间存在倒“U”形曲线[150][151]。之后学术界围绕环境库兹涅茨曲线展开了大量的经验研究，并演化发展出不同形态的曲线[152][153][154]。且不论结论一致性如何，至少说明经济发展水平与环境质量间存在某种联系。而经济发展水平和环境污染作为绿色全要素生产率测算产出项的两个方面，将直接影响城市绿色全要素生产率水平。因此，有必要将其纳入控制变量中。本书采用常见的人均 GDP 表征城市经济发展水平。

（2）产业结构（*lnstr*）。

本书将产业结构因素纳入控制变量出于以下考量：一方面，被解释变量绿色全要素生产率的测算结果与经济期望产出和环境非期望产出密切相关，而不同产业在上述两个方面具有显著差异，这也是中国当前实行产业结构调整和优化升级的重要原因。另一方面，在旅游业绿色发展效应机理分析中，旅游业形成的产业结构替代效应、产业关联融合效应是作用于旅游目的地城市绿色发展的重要渠道。对于代理指标的选择，相关研究中，第二产业增加值占GDP比重[155][156][157]、第三产业增加值占GDP比重[158][159]都可以衡量产业结构情况。由于核心解释变量的旅游业属于第三产业范畴，为了避免出现多重共线性，本书并未选择第三产业增加值占GDP比重，而是采用第二产业增加值占GDP比重表征产业结构。

（3）创新能力（*lncrea*）。

提升绿色全要素生产率的两个重要渠道是绿色技术效率、绿色技术进步，而这两个方面的改进都依赖于先进的生产和管理技术。因此，将创新能力纳入控制变量中。对于区域创新能力的衡量，既有文献一般遵循两个思路：其一是从创新产出角度，利用发明专利、实用新型专利以及外观设计专利三种专利的申请量或授权量加以衡量[160][161]。其二是从创新投入角度，利用R&D经费、R&D人员全时当量、地方财政科学技术支出等指标加以衡量[162][163]。由于研究样本为地级市尺度，相关创新产出指标与R&D经费、R&D人员全时当量等投入指标可获性不高，因此从数据角度，本书采用地方财政科学技术支出表征创新能力。

（4）对外开放水平（*lnopen*）。

根据前文的绿色全要素生产率影响因素研究归纳，对外开放水平因素（外商直接投资、贸易开放度、进出口总额比重）被广泛纳入解释变量中。对于对外开放水平的代理变量，本书采用外商直接投资占GDP比重表征对外开放水平[164][165]。主要基于两方面考量，其一是外商直接投资占GDP比重直接反映了地区的经济开放水平，其二是因为学术界对关于外商直接投资引致的“污染天堂”和“污染光环”假说进行了丰富研究，即外商直接投资对区域环境污染和节能减排的作用具有两面性，那么进一步对于地区绿色发展的作用产生传导影响，因此，需将其放入控制变量之中。

（5）环境规制水平（*lnenvi*）。

环境规制水平直接影响到地区经济社会活动的环境非期望产出排放，严苛的环境规制强度能够约束污染物处理和排放，进而对产业结构形成倒逼效应，促进其高级化、合理化，进而对地区绿色发展形成直接或间接影响。环境规制通常包括命令控制型、市场激励型、公众参与型和自愿行动型等类型[166][167]。但是在实证研究中，受制于不同研究区域和研究尺度的数据可获性，研究者采用了差异性的替代指标。例如，采用排污费收入、污染控制和治理支出占总产出或总成本比重、污染物去除率、废物回收利用率等[168][169]。在中国地级市研究尺度，本书采用工业烟粉尘去除率表征环境规制水平，与许文静（2018）的研究保持一致[170]。

（6）政府干预程度（*lngov*）。

既有研究表明，政府干预程度或政府行为对地区经济发展具有显著影响，例如，典型的最优政府规模理论认为政府规模影响地区经济发展具有“U”形的非线性特征[171]。在绿色全要素生产率影响因素相关研究中，有学者证实了政府干预对地区绿色全要素生产率存在阻碍效应，政府干预恶化了资源配置效率，表现为“政府失灵”[150]。也有学者认为恰当领域的政府干预，例如，在鼓励创新、环境保护、公共服务、基础设施建设等领域进行适当干预，能够促进城市绿色全要素生产率提升。因此，将政府干预程度作为控制变量纳入模型中。财政支出是政府干预经济的主要手段，可以用来衡量政府对地方经济社会发展的干预强度，本书采用地方财政支出占 GDP 比重表征政府干预程度。

为了消除异方差并保持数据的平稳性，以及采取弹性分析，本书对所有控制变量做自然对数处理。

4.3.1.4 数据来源

本书样本涉及中国 284 个地级及以上城市，研究时序为 2005—2016 年 12 年。其中上述变量数据来源于中国知网“中国经济社会大数据研究平台

（年度数据分析）”①、《中国城市统计年鉴（2006—2017）》《中国区域经济统计年鉴（2006—2014）》②。缺失数据首先查询相应省份对应年份的统计年鉴中有关城市统计数据获取，若无则利用相应城市对应年份的国民经济与社会发展统计公报补齐，若仍为缺失则通过线性插值法补齐。用于外商直接投资、入境旅游收入等指标进行汇率换算的相应年份人民币年平均汇率，由《中国统计年鉴（2006—2017）》查询获得。

4.3.2 相关分析与多重共线性检验

4.3.2.1 描述性统计

按照实证研究规范，本书在表 4–2 中报告了被解释变量、核心解释变量、控制变量的描述性统计结果，包括平均值、标准差、最小值、中位数、最大值等基本信息。其中，最关注的绿色全要素生产率（*lnGTFP*）的最小值为 −0.389、最大值为 1.133、均值为 0.140，旅游业发展（*lntour*）的最小值为 7.432、最大值为 17.700、均值为 13.585，表明中国城市间绿色全要素生产率与旅游业发展两者不均衡性都很明显，也暗示后续研究中需关注这种发展阶段性和不平衡性。

表 4–2　变量描述性统计

Tab 4–2　Summary Statistics

变量	Obs	平均值	标准差	最小值	中位数	最大值
lnGTFP	3408	0.140	0.186	−0.389	0.105	1.133
lntour	3408	13.585	1.407	7.432	13.658	17.700
lnecon	3408	10.216	0.741	7.782	10.232	12.456
lnstr	3408	3.867	0.244	2.708	3.902	4.511
lncrea	3408	9.366	1.692	3.526	9.405	15.202

① 平台网址为：http://data.cnki.net/.

② 国家统计局国民经济综合统计司、国家统计局农村社会经济调查司主编的《中国区域经济统计年鉴》于 2014 年后停止出版。

续表

变量	Obs	平均值	标准差	最小值	中位数	最大值
lnopen	3408	−4.558	1.313	−9.725	−4.349	−1.949
lnenvi	3408	4.322	0.430	0.642	4.497	4.634
lngov	3408	−1.918	0.458	−3.188	−1.946	0.069

4.3.2.2 主要变量相关系数

按照本书构建的"关系—空间—时间"三维解构研究框架，在关系维度施以由浅至深的推进，基础部分便是揭示旅游业发展与绿色全要素生产率之间的相关关系。因此，利用Stata软件对被解释变量、核心解释变量、控制变量之间的相关性进行分析，结果报告在表4−3中。为确保结果稳健，同时进行Pearson相关分析、Spearman相关分析。以对角线分界，下三角区域报告为Pearson相关系数及其显著性，上三角区域报告为Spearman相关系数及其显著性。其中，核心解释变量旅游业发展与被解释变量绿色全要素生产率之间的Pearson相关系数为0.444，Spearman相关系数为0.489，且均达到1%的显著性水平，进一步验证旅游业发展与绿色全要素生产率之间具有显著的正相关关系。

表4−3 相关分析

Tab 4−3 Correlation Coefficient

	lnGTFP	*lntour*	*lnecon*	*lnstr*	*lncrea*	*lnopen*	*lnenvi*	*lngov*
lnGTFP		0.489***	0.538***	0.099***	0.529***	0.066***	0.144***	0.050***
lntour	0.444***		0.666***	0.044**	0.812***	0.362***	0.161***	−0.044**
lnecon	0.502***	0.644***		0.381***	0.736***	0.310***	0.122***	−0.215***
lnstr	0.067***	0.061***	0.385***		0.151***	0.111***	−0.008	−0.346***
lncrea	0.473***	0.813***	0.732***	0.130***		0.318***	0.216***	−0.015
lnopen	0.041**	0.387***	0.304***	0.102***	0.314***		0.159***	−0.311***
lnenvi	0.074***	0.188***	0.127***	−0.045***	0.210***	0.172***		−0.155***
lngov	0.044**	−0.068***	−0.252***	−0.405***	0.005	−0.363***	−0.141***	

注：***、**、* 分别表示0.01、0.05、0.1的显著性水平。

4.3.2.3 多重共线性检验

在进行模型参数估计之前，为避免多重共线性产生的模型设计错误，需对模型进行多重共线性检验。一方面，在相关分析中发现，各解释变量间相关系数的绝对值大部分低于 0.6，说明各解释变量间多重共线性不明显。另一方面，进一步测算各解释变量的方差膨胀因子（Variance Inflation Factor，VIF），结果见表 4–4。结果表明各变量的 VIF 均值为 2.25，最大值为变量 *lncrea* 的 4.20。根据实证经验法则，通常各变量 VIF 的最大值小于 5，则表明不存在多重共线性问题。因此，可以认为本章构建的解释模型不存在多重共线性问题。

表 4–4　多重共线性检验

Tab 4–4　Multicollinearity test

变量	VIF	1/VIF
lntour	3.25	0.308002
lnecon	2.87	0.348558
lnstr	1.44	0.695507
lncrea	4.20	0.238377
lnopen	1.37	0.728316
lnenvi	1.10	0.909329
lngov	1.54	0.648758
Mean VIF	2.25	

4.3.3 估计结果分析

根据前文变量选取和多重共线性检验结果，本书构建面板回归模型作为旅游业绿色发展效应研究的基准计量模型并进行参数估计，如下式：

$$lnGTFP_{i,t}=\mu_i+\beta_{GTFP}\,lntour_{it}+\delta_{GTFP}\,X_{it}+\varepsilon_{it}$$

其中 β_{GTFP} 为核心解释变量旅游业发展的估计系数，X_{it} 为包括经济发展水平（*lnecon*）、产业结构（*lnstr*）、创新能力（*lncrea*）、对外开放水平（*lnopen*）、环境规制水平（*lnenvi*）、政府干预程度（*lngov*）在内控制变量，δ_{GTFP} 为各控制变量估计系数，μ_i 为非观测的个体固定效应，ε_{it} 为随机扰动项。

4.3.3.1 面板数据平稳性检验

为了避免产生“伪回归”，在进行面板模型估计之前，通常需要进行面板数据平稳性检验。通常面板数据单位根检验分为同质单位根检验和异质单位根检验两类。为了保证平稳性检验结果可信，本书对所有变量均进行同质单位根和异质单位根检验。具体而言，包括 LLC 检验[172]、IPS 检验[173]、Fisher-ADF 检验[174]、Hadri Z 检验[175]四种检验方法①，检验结果见表 4-5。结果显示，除了变量 *lnstr* 的 IPS 单位根检验未拒绝原假设外，各变量的四种单位根检验方法都拒绝了面板数据存在单位根的原假设。说明本章模型中纳入的各变量数据为平稳序列，能够直接对构建的模型进行参数估计。

表 4-5　变量单位根检验

Tab 4-5　Variable unit root test

变量	LLC	IPS	Fisher-ADF	Hadri Z
lnGTFP	−19.3767***	−2.8170***	820.1892***	90.0818***
lntour	−16.9959***	−4.2708***	1220.2755***	102.4376***
lnecon	−35.2829***	−8.8479***	1180.8515***	101.4954***
lnstr	−2.2681**	1.0896	695.4161***	64.7526***
lncrea	−101.000***	−13.0471***	1165.0712***	80.4592***
lnopen	−13.854***	−5.3954***	1182.1212***	41.7534***
lnenvi	−62.2663***	−8.2718***	1795.2511***	45.1009***
lngov	−20.2074***	−8.8134***	833.5950***	84.9305***

注：***、**、* 分别表示 0.01、0.05、0.1 的显著性水平。

① 四种检验方法的原假设为面板数据存在单位根。

4.3.3.2 初步回归结果

经过模型各项估计前检验，下面在暂且不考虑模型内生性，以及忽略异方差、序列相关、截面相关等问题的情况下，对构建模型施以线性经典假设条件下的面板普通最小二乘法估计，结果见表 4-6。首先，采用面板混合最小二乘法（Pooled OLS）进行估计，结果报告于列（1），此时，旅游业发展对绿色全要素生产率的回归系数为 0.0235，且在 0.01 水平上显著。然而，面板设定 F 检验显著，表明由于存在个体效应，因此固定效应模型（Fixed Effects Model）优于混合估计，将面板固定效应估计结果报告于列（2）。同时，Breusch-Pagan LM 检验也显著，表明随机效应模型（Random Effects Models）也优于混合估计，将面板随机效应估计结果报告于列（3）。进一步地，Hausman 检验结果显著，表明固定效应模型优于随机效应模型。在固定效应模型估计结果中，旅游业发展对绿色全要素生产率的回归系数为 0.0285，且在 0.05 水平上显著，即表明旅游业发展对城市绿色全要素生产率具有正向推动作用，旅游业发展每提升 1%，城市绿色全要素生产率提高 0.0285%。

有研究者指出，由于面板数据兼有截面数据和时间序列数据的特征，需要考虑其伴随的异方差、序列相关、截面相关等问题。对于异方差问题，采用 Modified Wald 检验，结果显著拒绝同方差的原假设，说明模型数据存在组间异方差。对于序列相关问题，采用 Wooldridge 检验，结果显著拒绝序列无关的原假设，说明模型数据存在序列相关。对于截面相关问题，采用 Pesaran 检验以及 Frees 检验，结果显著拒绝截面独立的原假设，说明模型数据存在截面相关。鉴于出现上述问题，本书以固定效应模型为基准模型，首先进行控制异方差、序列相关、截面相关的 Driscoll-Kraay Standard Errors 估计，结果报告于列（4），结果发现旅游业发展对绿色全要素生产率的回归系数显著性水平由 0.05 提升至 0.01。更进一步，本书利用面板修正标准差估计（Panel Corrected Standard Error，PCSE）进行估计，结果报告于列（5）。结果发现，当对固定效应模型采取更为苛刻的 PCSE 估计时，虽然旅游业发展对绿色全要素生产率的回归系数较固定效应模型有所减小，但仍然保持为正，为 0.0189，而且估计结果显著性则更加显著，达到 0.01 显著性水平。上述初步计量回归结果都指向了一个相同结果，即从计量角度而言，中国旅游业发展，确实有助于城市绿色全要素生产率的提升，中国旅游业展现出显著的绿色发展效应。但需要强调，这是一个未考虑内生性和未经过稳健性检验的初步结论。

接下来，以固定效应 Driscoll-Kraay Standard Errors 估计结果分析各控制变量对城市绿色全要素生产率影响的情况。（1）经济发展水平的回归系数为 0.138，且达到 0.01 显著性水平，表明城市经济发展水平对城市绿色全要素生产率的提升有着积极影响。（2）产业结构的回归系数为 -0.205，且达到 0.01 显著性水平，表明第二产业增加值占比提高，对城市绿色全要素生产率起到负面抑制作用。第二产业中不乏高排放高消耗低产出的低端制造业，通过城市要素投入和环境非期望产出，降低城市绿色全要素生产率。（3）创新能力的回归系数为 0.00929，为正但并不显著，表明以政府科技财政支出表征的政府主导的创新能力对绿色全要素生产率能够起到微弱的正向推动作用，意味着应当引导市场机制主导的创新行为来实现对绿色全要素生产率的推动作用。（4）对外开放水平的回归系数为 -0.00986，且达到 0.01 显著性水平，说明以外商直接投资占 GDP 比重衡量的提高将显著降低城市绿色全要素生产率。长久以来，学术界对于外商直接投资“污染天堂”和“污染光环”这两种截然相反假说的争论并未形成共识。很显然，本书实证结果支持了外商直接投资“污染天堂”的假说，即东道国较低的环境规制水平和发展经济的迫切诉求，往往成为外商直接投资的“污染避难所”，伴随大量外商直接投资进入东道国的并非先进技术而是外资国家淘汰的高污染落后产能，进而造成绿色全要素生产率降低。（5）环境规制水平的回归系数为负，且达到 0.01 显著性水平。与事实有一定偏差，可能归咎于代理变量选取并不恰当。（6）政府干预程度的回归系数为 -0.0240，为负但并不显著，表明政府干预程度的提高无法促进城市绿色全要素生产率的提高，甚至可能产生微弱的负向影响。这一结果符合传统政府规模理论，陈阳（2018，2019）对中国绿色全要素生产率影响因素的研究认为政府过度干预将引致资源配置扭曲和效率损失，反而不利于城市绿色全要素生产率提升[74][150]。

表 4-6　旅游业绿色发展效应的初步估计结果

Tab 4-6　Preliminary Estimation Results of The Green Development Effect of Tourism Industry

VARIABLES	(1) pooled *lnGTFP*	(2) FE *lnGTFP*	(3) RE *lnGTFP*	(4) fe_dris_kraay *lnGTFP*	(5) fe_PCSE *lnGTFP*
lntour	0.0235*** (0.00340)	0.0285** (0.0137)	0.0247** (0.00990)	0.0285*** (0.00917)	0.0189*** (0.00586)
lnecon	0.108*** (0.00666)	0.138*** (0.0242)	0.134*** (0.0171)	0.138*** (0.0162)	0.121*** (0.0172)
lnstr	−0.0525*** (0.0167)	−0.205*** (0.0525)	−0.180*** (0.0478)	−0.205*** (0.0318)	−0.171*** (0.0384)
lncrea	0.00713** (0.00304)	0.00929* (0.00480)	0.00840* (0.00464)	0.00929 (0.00553)	0.00154 (0.00617)
lnopen	−0.0202*** (0.00232)	−0.00986** (0.00454)	−0.0125*** (0.00396)	−0.00986*** (0.00291)	−0.00765*** (0.00168)
lnenvi	0.00253 (0.00564)	−0.0183 (0.0117)	−0.0171 (0.0107)	−0.0183*** (0.00556)	−0.00515 (0.00400)
lngov	0.0348*** (0.00730)	−0.0240 (0.0198)	−0.000842 (0.0178)	−0.0240 (0.0199)	0.0296** (0.0141)
Constant	−1.188*** (0.0695)	−0.963*** (0.210)	−0.926*** (0.166)	−0.963*** (0.138)	−0.651*** (0.170)
面板设定 F 检验		93.70***			
Hausman 检验		36.19***			
Breusch-Pagan LM 检验			8948.88***		
Modified Wald 检验				37888.42***	
Wooldridge 检验				390.074***	
Pesaran 检验				49.563***	
Frees 检验				55.384***	
R-squared	0.320	0.551	0.549	0.551	0.179
Observations	3,408	3,408	3,408	3,408	3,408

注：括号中为标准误；***、**、* 分别表示 0.01、0.05、0.1 的显著性水平。

4.3.3.3 内生性处理与工具变量回归

造成内生性问题的原因是多方面的，陈云松（2010）认为遗漏偏误、自选择偏误、样本选择偏误和联立性偏误是内生性问题的四个主要来源[176]，因此内生性是经济实证难以回避的问题。前文以固定效应模型为基准模型的初步回归结果的一致性依赖于解释变量严格外生的假定。然而真实的现实经济过程中，解释变量很难做到与随机扰动项无关。至少在联立性偏误方面，旅游业发展与城市绿色发展之间可能存在双向因果关系，即一方面旅游业发展促进了旅游目的地绿色发展（绿色全要素生产率的提升），另一方面，城市绿色发展也推动了旅游业的增长。因此，本书无法做出旅游业发展核心解释变量严格外生的判断。因此，在此部分首先检验旅游业发展变量内生性问题是否存在，若存在则通过工具变量回归对内生性问题进行处理。理论上，工具变量的选择需同时满足两个基本准则，其一工具变量与内生解释变量相关，其二工具变量与随机扰动项无关，因而寻找工具变量是充满逻辑和相关的过程。

一个较为常见的选择工具变量做法是，以内生解释变量的若干期滞后项作为工具变量集，主要是因为内生解释变量的滞后项与内生解释变量本身往往相关。同时，由于滞后了一定期数，有效降低了其与随机扰动项的当期相关性。按照这一做法，本书首先选择了旅游总收入的滞后 2 期与 3 期，作为第一个工具变量集，并对其进行面板固定效应两阶段最小二乘及其异方差稳健形式的估计，结果报告于表 4-7 的（1）、（2）列。Davidson-MacKinnon 内生性检验统计量为 4.1205，并在 0.05 显著性水平上拒绝原假设①，说明旅游业发展确实存在内生性。接下来判断本书选取的第一个工具变量集的有效性。Anderson canon. corr. LM 检验和 Kleibergen-Paap rk LM 检验② 均拒绝原假设。Cragg-Donald Wald F 检验和 Kleibergen-Paap rk Wald F 检验③ 均拒绝原假设。

① Davidson-MacKinnon 检验原假设为解释变量是外生的。

② Anderson canon. corr. LM 检验与 Kleibergen-Paap rk LM 检验原假设为工具变量识别不足。

③ Cragg-Donald Wald F 检验和 Kleibergen-Paap rk Wald F 检验原假设为工具变量弱识别。

但遗憾的是，Sargan 检验和 Hansen J 检验[①]接受了原假设，表明工具变量存在过度识别。因此本书对工具变量集构建的第一个尝试并不适宜。

接下来尝试寻找第二个工具变量集。本书选择旅游总人次（即国内旅游人次与入境旅游人次之和）的滞后 1 期和滞后 2 期作为工具变量集。就相关性而言，现实中旅游总人次与内生解释变量旅游总收入具有相关性，就外生性而言，滞后一定时期的旅游总人次与模型随机扰动项相关性不强。在固定效应基准模型的基础上，对于第二个工具变量集进行面板固定效应 2SLS 两阶段最小二乘及其异方差稳健形式的估计以及广义矩估计，结果报告于表 4-7 的（3）、（4）、（5）列。解释变量内生性检验 Davidson-MacKinnon 内生性检验统计量为 61.149，并在 0.01 显著性水平上拒绝原假设，说明旅游业发展解释变量确实存在内生性。工具变量有效性检验结果显示，Anderson canon. corr. LM 检验和 Kleibergen-Paap rk LM 检验均在 0.01 显著性水平拒绝原假设，说明工具变量不存在识别不足。Cragg-Donald Wald F 检验和 Kleibergen-Paap rk Wald F 检验统计量均大于 Stock- Yogo 检验 0.1 水平临界值 19.93，拒绝原假设，说明工具变量不存在弱识别。Sargan 检验统计量 P 值为 0.1145，接受原假设，说明工具变量没有出现过度识别。而 Hansen J 检验统计量 P 值为 0.0855，接近 0.1，在 0.05 水平上接受原假设。由此，以旅游总人次的滞后 1 期和滞后 2 期构建的工具变量集是外生的，同时 Wu-Hausman 检验[②]结果拒绝原假设，以此工具变量集得到的两阶段最小二乘估计结果能够有效解决固定效应基准模型的内生性问题并优于固定效应模型。

第二个工具变量集的 2SLS 估计结果显示，旅游业发展对绿色全要素生产率的回归系数达到 0.174，并在 0.01 水平上显著，估计系数大小明显高于未考虑内生性问题时的估计结果（0.0285），表明固定效应基准模型的内生性问题造成旅游业发展对绿色全要素生产率的正向促进作用，即中国旅游业绿色发展效应受到低估。结合前文固定效应 PCSE 估计结果，本书做出一个大胆推测，中国旅游业绿色发展效应的估计区间应该在 0.0189~0.174 之间。

---

① Sargan 检验和 Hansen J 检验原假设为工具变量过度识别。

② Wu-Hausman 检验原假设为固定效应模型与工具变量固定效应模型估计系数无差异。

表 4-7　工具变量回归结果

Tab 4-7　Results of Instrumental Variable Regression

VARIABLES	(1) IV1_2SLS_fe *lnGTFP*	(2) IV1_2SLS_fe_robust *lnGTFP*	(3) IV2_2SLS_fe *lnGTFP*	(4) IV2_2SLS_fe_robust *lnGTFP*	(5) IV2_gmm_fe *lnGTFP*
lntour	0.0636*** (0.00904)	0.0636*** (0.0124)	0.174*** (0.0195)	0.174*** (0.0241)	0.171*** (0.0240)
lnecon	0.101*** (0.0142)	0.101*** (0.0181)	−0.0432* (0.0262)	−0.0432 (0.0329)	−0.0396 (0.0328)
lnstr	−0.149*** (0.0175)	−0.149*** (0.0267)	−0.0835*** (0.0209)	−0.0835*** (0.0315)	−0.0922*** (0.0311)
lncrea	−0.00116 (0.00413)	−0.00116 (0.00520)	−0.0145*** (0.00521)	−0.0145** (0.00666)	−0.0137** (0.00665)
lnopen	−0.00432** (0.00219)	−0.00432 (0.00284)	−0.00539** (0.00241)	−0.00539* (0.00317)	−0.00528* (0.00317)
lnenvi	−0.0112* (0.00614)	−0.0112 (0.00704)	−0.0204*** (0.00681)	−0.0204*** (0.00754)	−0.0207*** (0.00753)
lngov	0.00878 (0.0118)	0.00878 (0.0150)	−0.0548*** (0.0153)	−0.0548*** (0.0173)	−0.0533*** (0.0173)
Constant	−0.988*** (0.0913)	−0.988*** (0.114)	−0.775*** (0.101)	−0.775*** (0.128)	−0.751*** (0.127)
Davidson-MacKinnon 检验	4.1205** [0.0425]		61.149*** [0.000]		
Wu-Hausman 检验	4.64349** [0.0312]		66.559*** [0.000]		
Anderson canon. corr. LM 统计量	993.553*** [0.000]		257.590*** [0.000]		
Kleibergen-Paap rk LM 统计量		292.878*** [0.000]		143.726*** [0.000]	
Cragg-Donald Wald F 统计量	719.834* {19.93}		127.079* {19.93}		

续表

VARIABLES	（1） IV1_2SLS_ fe *lnGTFP*	（2） IV1_2SLS_ fe_robust *lnGTFP*	（3） IV2_2SLS_ fe *lnGTFP*	（4） IV2_2SLS_ fe_robust *lnGTFP*	（5） IV2_gmm_ fe *lnGTFP*
Kleibergen-Paap rk Wald F 统计量		248.023* {19.93}		70.500* {19.93}	
Sargan 统计量	14.563*** ［0.0001］		2.491 ［0.1145］		
Hansen J 统计量		7.160*** ［0.0075］		2.957* ［0.0855］	
R-squared	0.897	0.897	0.847	0.847	0.848
Observations	2，556	2，556	2，840	2，840	2，840

注：（ ）中为标准误、［ ］中为 P 值、{ } 中为 Stock- Yogo 检验临界值；***、**、* 分别表示 0.01、0.05、0.1 的显著性水平。

4.3.4 稳健性检验

为了确保前文对旅游业绿色发展效应估计结果的稳健性，本章还从替换代理变量、估计方法、估计样本等不同角度出发，设计了如下四种稳健性检验方案：替换核心解释变量的代理变量、动态面板估计、滞后效应、剔除样本异常值。

4.3.4.1 稳健性检验 Ⅰ：替换核心解释变量的代理变量

前文在核心解释变量旅游业发展的代理变量选择上，采用的是旅游总收入。在稳健性检验 Ⅰ 中，本书将核心解释变量的代理变量替换为旅游总人次（*lntourrc*）。一方面，旅游总人次是衡量旅游业发展规模的常用指标，另一方面，由于中国旅游业发展水平地域间并不均衡，旅游消费水平也差异明显，说明旅游总人次与旅游总收入并非高度线性相关。以旅游总人次为代理变量的固定效应模型、PCSE 模型估计、工具变量固定效应两阶段最小二乘的估计结果分别报告于表 4-8 的（1）、（2）、（3）列。结果表明，忽略内生性问题，旅游总人次对绿色全要素生产率的回归系数为 0.0535，且在 0.01 水平上显著。控制异方差、序列相关、截面相关等问题，旅游总人次对绿色全要素生产率的回归系数为 0.0213，且在 0.01 水平上显著。考虑内生性问题，旅游总人次对绿色全要素生产率的回归系数为 0.1313，且在 0.01 水平上显著，说明固定效应模型低估了旅游总人次衡量的旅游业对城市绿色全要素生产率的正向推动作用。进一步观察发现，旅游总人次的三个估计系数，均分别高于旅游总收入的相应估计结果。这与赵磊（2018）的研究发现相一致，他将其解释为现有旅游统计机制下，旅游总人次可能存在景点间重复统计的问题，因此会高估这一代理变量所反映的旅游业真实情况[18]。

表 4-8 稳健性检验Ⅰ结果

Tab 4-8 Result of Robustness Test I

VARIABLES	（1） FE *lnGTFP*	（2） fe_PCSE *lnGTFP*	（3） IV_2SLS_fe_robust *lnGTFP*
lntourrc	0.0535*** （0.0155）	0.0213*** （0.00493）	0.1313*** （0.0263）
lnecon	0.120*** （0.0220）	0.121*** （0.0181）	0.0379 （0.0291）
lnstr	−0.172*** （0.0553）	−0.182*** （0.0374）	−0.0636* （0.0373）
lncrea	0.00873* （0.00477）	0.00453 （0.00565）	0.00508 （0.00501）
lnopen	−0.00855* （0.00452）	−0.00459*** （0.00158）	−0.00301 （0.00268）
lnenvi	−0.0173 （0.0112）	−0.00238 （0.00401）	−0.0159** （0.00677）
lngov	−0.0272 （0.0212）	0.0211 （0.0133）	−0.0177 （0.0155）
Constant	−0.888*** （0.197）	−0.548*** （0.141）	−1.0594*** （0.114）

续表

VARIABLES	（1） FE *lnGTFP*	（2） fe_PCSE *lnGTFP*	（3） IV_2SLS_fe_robust *lnGTFP*
面板设定 F 检验	99.39***		
Hausman 检验	61.98***		
Breusch-Pagan LM 检验	8945.02***		
Modified Wald 检验		58251.02***	
Wooldridge 检验		389.004***	
Pesaran 检验		52.607***	
Frees 检验		53.516***	
Kleibergen-Paap rk LM 统计量			148.090*** [0.0000]
Cragg-Donald Wald F 统计量			128.040* {19.93}
Kleibergen-Paap rk Wald F 统计量			68.003* {19.93}
Hansen J 统计量			0.500 [0.4794]
R-squared	0.558	0.198	0.869
Observations	3，408	3，408	2，840

注：( ) 中为标准误、[ ] 中为 P 值、{ } 中为 Stock- Yogo 检验临界值；***、**、* 分别表示 0.01、0.05、0.1 的显著性水平；第（3）列工具变量选择为旅游总收入的滞后 1 期与 2 期。

4.3.4.2 稳健性检验Ⅱ：动态面板估计

设计动态面板估计作为一种稳健性检验方案，主要归因于下述两方面：其一，造成内生性问题一个重要来源是遗漏偏误，影响绿色全要素生产率的因素众多，把被解释变量的滞后项加入回归模型将有效克服遗漏变量引致的内生性问题。其二，现实经济中很多经济变量变化存在时间上的惯性，也就是动态性。城市绿色全要素生产率可能也具有此类特征，也就是说，前期的绿色全要素生产率一定程度上会影响当期绿色全要素生产率的变化。相较于前文的静态估计，有必要描绘这种动态特征。

本书将绿色全要素生产率滞后 1 期作为解释变量，放入原基准模型中构建动态面板模型，如下式：

$$lnGTFP_{i,t}=\mu_i+\beta_{1GTFP}\, lnGTFP_{i,t-1}+\beta_{2GTFP}\, lntour_{it}+\delta_{GTFP}\, X_{it}+\varepsilon_{it}$$

对于面板动态模型的参数可以施以最小二乘或一阶差分后最小二乘估计。鉴于前文内生性检验已表明基准模型中旅游业发展与绿色全要素生产率之间存在内生性问题，随机扰动项也可能具有异方差或自相关问题，在纳入绿色全要素生产率滞后 1 期作为解释变量后，有可能造成动态项与误差项之间相关问题。故而使用工具变量法和广义矩估计法进行估计，可以有效解决上述问题。广义矩估计中方程个数等于参数个数的情况下，工具变量法与其等价，即可以视为广义矩估计的一个特殊形式。而且广义矩估计对随机扰动项的限制更加宽松，并不需要随机扰动项满足一定的确定分布，并且允许随机扰动项存在异方差和自相关。广义矩估计通常包括差分广义矩估计法（Difference GMM）和系统广义矩估计法（System GMM）两种。差分广义矩估计方法由 Arellano 和 Bond（1991）提出，基本思想是将待估模型一阶差分以消除固定效应影响，并把解释变量水平值的滞后项作为差分方程的工具变量[177]。而系统广义矩估计方法是在差分广义矩估计的基础上发展而来，基本思想是在差分方程的基础上，进一步引入水平方程，并把差分变量的滞后项作为水平方程的工具变量。显然，由于水平方程的加入，使得系统广义矩估计对于水平方程和差分方程信息能够同时利用，而且还能避免差分广义矩估计往往因为弱工具变量引起的偏误。因此，在对动态面板模型进行估计时，本书选用系统广义矩估计方法。

动态面板混合最小二乘估计、动态面板固定效应估计结果分别报告于表 4-9 的列（1）、（2）。而列（3）、（4）则分别报告了一步系统广义矩估计、两步系统广义矩估计的结果。结果发现，由于解释变量加入了被解释变量的滞后项，不论是混合最小二乘估计还是固定效应估计，模型拟合程度都较前文对应模型有较大提高，而且绿色全要素生产率的滞后 1 期，均在 0.01 水平上显著，说明绿色全要素生产率确实存在动态延续性特征，一定程度上说明了动态面板模型使用的必要性。系统广义矩估计结果中，用于检验系统广义矩估计工具变量过度约束与否的 Hansen 检验[①]统计量为 280.71，P 值为 1，无法拒绝原假设，说明工具变量有效。用于检验系统广义矩估计新增工具有效与否的 Difference-in-Hansen 检验[②]统计量为 1.80，P 值为 1，无法拒绝原假设，说明新增工具变量有效。综合显示系统广义矩估计工具变量联合有效。用于检验样本一次差分残差序列相关性的 Arellano-Bond 检验结果发现，一阶 Arellano-Bond 检验拒绝原假设，二阶 Arellano-Bond 检验 P 值为 0.202，接受原假设，说明一次差分残差项一阶序列相关但无二阶序列相关性，根据 Roodman（2006）的观点，此种情况可以认为模型误差项没有序列相关，仍然说明系统广义矩估计有效[178]。上述检验说明系统广义矩估计的结果可信。

表 4–9　稳健性检验 Ⅱ 结果

Tab 4–9　Result of Robustness Test Ⅱ

VARIABLES	(1) Dy_pooled_robust *lnGTFP*	(2) Dy_FE_robust *lnGTFP*	(3) Dy_GMM_robust *lnGTFP*	(4) Dy_GMM2S_robust *lnGTFP*
L.*lnGTFP*	1.024*** (0.00725)	0.793*** (0.0151)	1.015*** (0.00652)	1.012*** (0.00356)
lntour	0.00462*** (0.00131)	0.00652 (0.00419)	0.00850*** (0.00169)	0.00844*** (0.000462)
lnecon	0.00926*** (0.00244)	0.0428*** (0.00822)	0.0117*** (0.00338)	0.0120*** (0.00101)
lnstr	−0.000709 (0.00490)	−0.0497*** (0.0169)	−0.000619 (0.00757)	−0.00132 (0.00200)
lncrea	−0.00233* (0.00130)	−0.00198 (0.00183)	−0.00466*** (0.00151)	−0.00461*** (0.000230)

① Hansen 检验原假设为工具变量有效。

② Difference-in- Hansen 检验原假设为新增工具变量有效。

续表

VARIABLES	（1） Dy_pooled_ robust *lnGTFP*	（2） Dy_FE_robust *lnGTFP*	（3） Dy_GMM_ robust *lnGTFP*	（4） Dy_GMM2S_ robust *lnGTFP*
lnopen	−0.000754 （0.000802）	−0.000606 （0.00157）	−0.000750 （0.00112）	−0.000897*** （0.000178）
lnenvi	0.00214 （0.00225）	−0.00143 （0.00473）	0.00348 （0.00313）	0.00346*** （0.000636）
lngov	0.00402 （0.00280）	0.0164* （0.00878）	0.00512 （0.00395）	0.00470*** （0.000790）
Constant	−0.113*** （0.0261）	−0.229*** （0.0714）	−0.172*** （0.0356）	−0.173*** （0.0103）
一阶 Arellano-Bond 检验			−8.32 ［0.000］	−8.17 ［0.000］
二阶 Arellano-Bond 检验			1.28 ［0.202］	1.27 ［0.203］
Hansen 统计量			280.71 ［1.000］	280.71 ［1.000］
Difference-in-Hansen 统计量			1.80 ［1.000］	1.80 ［1.000］
R-squared	0.934	0.849		
Observations	3，124	3，124	3，124	3，124

注:（ ）中为标准误、［ ］中为 P 值；***、**、* 分别表示 0.01、0.05、0.1 的显著性水平。

一步系统广义矩估计、两步系统广义矩估计结果中，绿色全要素生产率滞后 1 期系数显著大于 1，表明中国城市间绿色全要素生产率存在发散趋势。旅游业发展对城市绿色全要素生产率的回归系数分别为 0.00850、0.00844，回归系数明显小于前文回归模型估计结果，这是由于被解释变量滞后项的加入，使得上期旅游业发展对绿色全要素生产率的影响效应能够随着绿色全要素生产率的滞后项传递到当期中。显著性水平方面，一步估计、两步估计旅游业发展估计系数均达到 0.01 的显著性水平，仍然展现了与前文一致的结论，即旅游业绿色发展效应显著。

4.3.4.3 稳健性检验Ⅲ：滞后效应

鉴于包括旅游业发展在内的解释变量对被解释变量绿色全要素生产率的影响可能存在时间滞后，换言之，各解释变量不仅对当期绿色全要素生产率产生影响，也可能对下一期绿色全要素生产率产生影响。因此，在稳健性检验Ⅲ中，本书将所有解释变量的滞后一期放入模型，并分别施以面板混合估计、固定效应和考虑内生性的固定效应两阶段最小二乘以及广义矩估计，结果依次报告于表 4-10 各列。结果发现，固定效应模型估计的旅游业发展回归系数为 0.021，仅通过 0.1 水平的显著性检验，相较于表 4-6 中的结果，系数大小与显著性水平均下降，这表明前一期的旅游业发展对城市当期绿色全要素生产率虽然仍有正向促进作用，但影响强度有所降低。这一发现本书将其解释为，旅游总收入只是当期旅游经济收益的直接表现，由于旅游业的发展充分依赖旅游目的地当地的资源禀赋、生态环境、基础设施、配套支撑、形象口碑等，在形成旅游收入之前，上述条件往往已经形成，并间接影响旅游目的地绿色全要素生产率的变化，即其作用机制本身就含有时间滞后意蕴，再将解释变量进行人为滞后，所得结果势必变得相对微弱。进一步结合 2SLS 与 GMM 估计结果，与表 4-7 中相应结果对比，旅游业发展回归系数也有所降低但保持为正，显著性仍保持 0.01 水平，或许可以大胆地认为，旅游业对城市绿色全要素生产率的促进作用主要体现为当期即时，但仍显示出一定的滞后效应。该稳健性检验仍然支持了前文所得的核心结论。

表 4-10　稳健性检验Ⅲ结果

Tab 4-10　Result of Robustness Test Ⅲ

VARIABLES	(1) pooled_robust *lnGTFP*	(2) fe_robust *lnGTFP*	(3) fe_2sls_robust *lnGTFP*	(4) fe_gmm_robust *lnGTFP*
L1.*lntour*	0.0244*** (0.00373)	0.0210* (0.0125)	0.150*** (0.0233)	0.152*** (0.0233)

续表

VARIABLES	(1) pooled_robust *lnGTFP*	(2) fe_robust *lnGTFP*	(3) fe_2sls_robust *lnGTFP*	(4) fe_gmm_robust *lnGTFP*
L1.*lnecon*	0.108*** (0.00747)	0.143*** (0.0226)	−0.0306 (0.0330)	−0.0323 (0.0330)
L1.*lnstr*	−0.0433** (0.0182)	−0.165*** (0.0528)	−0.0928*** (0.0302)	−0.0955*** (0.0301)
L1.*lncrea*	0.00695** (0.00334)	0.00871** (0.00414)	0.00158 (0.00352)	0.00171 (0.00351)
L1.*lnopen*	−0.0189*** (0.00262)	−0.00731 (0.00451)	−0.00734** (0.00329)	−0.00761** (0.00329)
L1.*lnenvi*	0.00560 (0.00603)	−0.0116 (0.0128)	−0.0154** (0.00730)	−0.0157** (0.00730)
L1.*lngov*	0.0363*** (0.00799)	−0.00718 (0.0198)	−0.0507*** (0.0180)	−0.0504*** (0.0180)
Constant	−1.210*** (0.0755)	−1.029*** (0.201)	−0.760*** (0.122)	−0.746*** (0.122)
面板设定 F 检验		99.44***		
Hausman 检验		19.62***		
Breusch-Pagan LM 检验		8897.34***		
Kleibergen-Paap rk LM 统计量			151.299*** [0.000]	
Cragg-Donald Wald F 统计量			125.917* {19.93}	
Kleibergen-Paap rk Wald F 统计量			74.562* {19.93}	
Hansen J 统计量			2.801* [0.0942]	
R-squared	0.299	0.557	0.851	0.850
Observations	3，124	3，124	2，840	2，840

注：( ) 中为标准误、[ ] 中为 P 值、{ } 中为 Stock- Yogo 检验临界值；***、**、* 分别表示 0.01、0.05、0.1 的显著性水平；第（3）、(4）列工具变量选择为旅游总人次的滞后 1 期与 2 期。

4.3.4.4 稳健性检验Ⅳ：剔除样本异常值

考虑到样本异常值对模型估计可能带来影响，在稳健性检验Ⅳ中，将对样本异常值进行剔除。前文描述性统计结果表明，在城市尺度上，中国旅游业发展以及绿色全要素生产率的区域内部差异明显且极差较大。基于此，本书将剔除研究时间序列中旅游总收入均值排名居于前十①和后十②的城市，剔除绿色全要素生产率均值排名居于前十③和后十④的城市，分别组成两组新的估计样本。并对这两组样本均施以固定效应模型和考虑内生性的固定效应两阶段最小二乘以及广义矩估计，结果报告于表 4-11。结果显示，所有的旅游业发展估计系数均为正，且均通过 0.01 水平的显著性检验。说明前文对中国旅游业绿色发展效应的估计结果未受到剔除异常值的影响，进一步说明前文估计稳健。

表 4-11　稳健性检验Ⅳ结果

Tab 4-11　Result of Robustness Test Ⅳ

VARIABLES	（1） tour10_fe *lnGTFP*	（2） tour10_fe_2sls *lnGTFP*	（3） tour10_fe_gmm *lnGTFP*	（4） gtfp10_fe *lnGTFP*	（5） gtfp10_fe_2sls *lnGTFP*	（6） gtfp10_fe_gmm *lnGTFP*
lntour	0.0399*** （0.0134）	0.156*** （0.0217）	0.153*** （0.0217）	0.0273** （0.0134）	0.145*** （0.0217）	0.143*** （0.0217）
lnecon	0.124*** （0.0239）	−0.0205 （0.0301）	−0.0167 （0.0300）	0.144*** （0.0233）	−0.000586 （0.0303）	0.00194 （0.0302）
lnstr	−0.195*** （0.0559）	−0.0923*** （0.0313）	−0.101*** （0.0309）	−0.186*** （0.0510）	−0.0903*** （0.0287）	−0.0970*** （0.0286）

① 旅游总收入均值前十城市：北京、上海、广州、天津、杭州、苏州、南京、重庆、武汉、成都。

② 旅游总收入均值后十城市：七台河、金昌、绥化、固原、双鸭山、乌海、鹤岗、庆阳、石嘴山、吴忠。

③ 绿色全要素生产率均值前十城市：达州、无锡、包头、三亚、广安、威海、鄂尔多斯、佛山、呼和浩特、青岛。

④ 绿色全要素生产率均值后十城市：齐齐哈尔、平顶山、绥化、自贡、宿州、伊春、驻马店、商丘、锦州、黑河。

续表

VARIABLES	（1） tour10_fe *lnGTFP*	（2） tour10_ fe_2sls *lnGTFP*	（3） tour10_fe_ gmm *lnGTFP*	（4） gtfp10_fe *lnGTFP*	（5） gtfp10_ fe_2sls *lnGTFP*	（6） gtfp10_fe_ gmm *lnGTFP*
lncrea	0.00604 （0.00518）	−0.0157** （0.00647）	−0.0148** （0.00645）	0.00285 （0.00418）	−0.0163*** （0.00627）	−0.0165*** （0.00626）
lnopen	−0.00846* （0.00459）	−0.00367 （0.00306）	−0.00363 （0.00306）	−0.00825** （0.00401）	−0.00521* （0.00300）	−0.00523* （0.00300）
lnenvi	−0.0184 （0.0119）	−0.0184** （0.00737）	−0.0187** （0.00737）	−0.0202* （0.0113）	−0.0169** （0.00744）	−0.0178** （0.00744）
lngov	−0.0149 （0.0210）	−0.0248 （0.0161）	−0.0244 （0.0161）	−0.00517 （0.0183）	−0.0370** （0.0169）	−0.0359** （0.0169）
Constant	−0.959*** （0.224）	−0.837*** （0.109）	−0.830*** （0.109）	−0.975*** （0.187）	−0.881*** （0.119）	−0.858*** （0.119）
面板设定 F 检验	90.49***			104.31***		
Hausman 检验	15.80**			48.61***		
Breusch-Pagan LM 检验	8567.57***			6855.43***		
Kleibergen-Paap rk LM 统计量		188.823*** ［0.000］			123.625*** ［0.000］	
Cragg-Donald Wald F 统计量		162.011* {19.93}			113.212* {19.93}	
Kleibergen-Paap rk Wald F 统计量		103.045* {19.93}			60.670* {19.93}	
Hansen J 统计量		2.800* ［0.0942］			2.401 ［0.1221］	
R-squared	0.559	0.864	0.864	0.598	0.813	0.813
Observations	3，168	2，640	2，640	3，168	2，640	2，640

注：( ) 中为标准误、[ ] 中为 P 值、{ } 中为 Stock- Yogo 检验临界值；***、**、* 分别表示 0.01、0.05、0.1 的显著性水平；第（2）、（3）、（5）、（6）列工具变量选择为旅游总人次的滞后 1 期与 2 期。

4.4 旅游业促进绿色全要素生产率的路径分析

本章 4.3 中通过初步回归、内生性处理、稳健性检验等环节，较为全面地分析了旅游业对城市绿色全要素生产率的影响效应，最终得出了中国旅游业具有良好的绿色发展效应这一核心结论。顺着发展旅游业能够促进城市绿色全要素生产率提升这一结论，进一步推进本书研究，回应旅游业是如何促进绿色全要素生产率的这一问题，即剖析旅游业促进绿色全要素生产率的路径源泉。下面分别研究旅游业对绿色技术效率、绿色技术进步的影响。

4.4.1 旅游业对绿色技术效率的影响

根据第 3 章对绿色全要素生产率的分解，绿色技术效率和绿色技术进步是绿色全要素生产率变化的两个源泉。其中，绿色技术效率表示政策与制度变革等发展环境因素变化对资源配置效率造成影响，而使实际生产状况与生产前沿面相对位置发生变化。本书将被解释变量由绿色全要素生产率替换为绿色技术效率，以探讨旅游业对绿色技术效率的影响效应。具体而言，对下式进行参数估计，符号含义与前文类似：

$$lnGEC_{i,t}=\mu_i+\beta_{GEC}\,lntour_{it}+\delta_{GEC}\,X_{it}+\varepsilon_{it}$$

保持与前文一致的研究思路，本书将面板混合最小二乘估计、固定效应模型、随机效应模型、固定效应 Driscoll-Kraay Standard Errors 估计、固定效应 PCSE 模型结果依次报告于表 4-12 中。

实证结果中，面板设定 F 检验和 Breusch-Pagan LM 检验均显著拒绝原假设。首先，不考虑混合最小二乘估计；其次，Huasman 检验显著，表明固定效应优于随机效应。固定效应模型显示旅游业发展回归系数为 0.0208，在 0.05 水平上显著，但是 Modified Wald 检验、Wooldridge 检验、Pesaran 检验以及 Frees 检验均拒绝原假设，说明模型数据存在异方差、序列相关、截面相关。而控制异方差、序列相关、截面相关的 Driscoll-Kraay Standard Errors 估计，结果显示旅游业发展的回归系数的显著性提高为 0.01 水平上显著，说明发展旅游业能够有效促进城市绿色技术效率的提升，通过包括产业结构替代、发展环境优化的倒逼效应，推动城市实际生产状况向前沿面迫近。但是，更加苛刻的 PCSE 估计结果则发现旅游业发展的估计系数为 0.00356，仍然为正，但并不显著。说明从目前计量角度而言，旅游业对绿色技术效率的促进作用并不稳健，在考察样本时段内旅游业发展对于环境约束下城市整体的资源配置效率和生产效率的提升作用有待进一步谨慎考察。对于控制变量，城市经济发展水平的提高将有效推动绿色技术效率提高，第二产业增加值占 GDP 比重上升则明显抑制了绿色技术效率增长。

表 4–12　旅游业对绿色技术效率影响效应的估计结果

Tab 4–12　Estimation of The Effect of Tourism Industry on GEC

VARIABLES	（1） **pooled** *lnGEC*	（2） **FE** *lnGEC*	（3） **RE** *lnGEC*	（4） **fe_dris_kraay** *lnGEC*	（5） **fe_PCSE** *lnGEC*
lntour	0.00914*** （0.00247）	0.0208** （0.00941）	0.0155** （0.00652）	0.0208*** （0.00486）	0.00356 （0.00405）
lnecon	0.0541*** （0.00458）	0.0462*** （0.0167）	0.0498*** （0.0116）	0.0462*** （0.00728）	0.0406*** （0.00959）
lnstr	−0.0243** （0.0113）	−0.0369 （0.0340）	−0.0346 （0.0307）	−0.0369 （0.0275）	−0.0580*** （0.0187）
lncrea	−0.00684*** （0.00222）	−0.00317 （0.00320）	−0.00416 （0.00312）	−0.00317 （0.00280）	0.00166 （0.00338）
lnopen	−0.00406** （0.00166）	−0.00454 （0.00297）	−0.00529** （0.00262）	−0.00454 （0.00317）	−0.00218 （0.00140）
lnenvi	−0.00644 （0.00428）	−0.00920 （0.00942）	−0.00922 （0.00856）	−0.00920* （0.00441）	−0.00249 （0.00314）
lngov	0.0161*** （0.00565）	−0.0199 （0.0144）	−0.00449 （0.0118）	−0.0199 （0.0157）	0.00255 （0.00826）
Constant	−0.460*** （0.0487）	−0.582*** （0.148）	−0.521*** （0.114）	−0.582*** （0.0889）	−0.222** （0.0944）

续表

VARIABLES	（1） pooled *lnGEC*	（2） FE *lnGEC*	（3） RE *lnGEC*	（4） fe_dris_kraay *lnGEC*	（5） fe_PCSE *lnGEC*
面板设定 F 检验		22.48***			
Hausman 检验		273.76***			
Breusch-Pagan LM 检验			8169.99***		
Modified Wald 检验				60106.37***	
Wooldridge 检验				284.737***	
Pesaran 检验				18.787***	
Frees 检验				36.300***	
R-squared	0.104	0.199	0.198	0.199	0.063
Observations	3，408	3，408	3，408	3，408	3，408

注：括号中为标准误；***、**、* 分别表示 0.01、0.05、0.1 的显著性水平。

4.4.2 旅游业对绿色技术进步的影响

绿色技术进步表示创新或引入先进技术推动的生产前沿面外移。下面将被解释变量由绿色全要素生产率替换为绿色技术进步，以探讨旅游业对绿色技术进步的影响效应。具体而言，对下式进行参数估计，符号含义与前文类似：

$$lnGTC_{i,t}=\mu_i+\beta_{GTC}\ lntour_{it}+\delta_{GTC}X_{it}+\varepsilon_{it}$$

保持与前文一致的研究思路，本书将面板混合最小二乘估计、固定效应模型、随机效应模型、固定效应 Driscoll-Kraay Standard Errors 估计、固定效应 PCSE 模型结果依次报告于表 4-13 中。

实证结果中，面板设定 F 检验和 Breusch-Pagan LM 检验均显著拒绝原假设。首先，不考虑混合最小二乘估计：其次，Huasman 检验显著，表明固定效应优于随机效应。固定效应模型显示旅游业发展回归系数为 0.0077，为正但并不显著。同时 Modified Wald 检验、Wooldridge 检验、Pesaran 检验以及

Frees 检验均拒绝原假设，说明模型数据存在异方差、序列相关、截面相关。Driscoll-Kraay Standard Errors 估计的结果类似。然而，在 PCSE 估计结果中，旅游业发展的回归系数为 0.0164，且在 0.01 水平上显著，说明旅游业能够有效促进城市绿色技术进步。结果意味着旅游业能够激发了基于产业融合的新业态等创新行为，同时，促进了城市开放，并且通过开放经济引入先进技术推动了旅游目的地城市生产前沿面的外推。旅游业促使城市生产前沿面的扩张，更加体现了旅游业对旅游目的地城市绿色发展的综合促进作用。对于控制变量，城市经济发展水平的提高以及政府主导的创新行为增多将有效推动绿色技术进步提高，第二产业增加值占 GDP 比重上升以及外商直接投资占 GDP 比重上升对绿色技术进步增长起到负向作用。

综合旅游业对绿色技术效率和绿色技术进步的实证结果，以及绿色全要素生产率、绿色技术效率、绿色技术进步三者之间的数量关系，本书暂且做出一个大胆的判断，旅游业对于城市绿色全要素生产率的提升作用是通过促进绿色技术效率和绿色技术进步综合实现的，但是这一结论，在现阶段估计方法和样本下有待更加严谨的考证。鉴于此，本书将在第 5 章、第 6 章，分别基于空间视角以及非线性视角延续对这一话题的探讨。

表 4–13　旅游业对绿色技术进步影响效应的估计结果

Tab 4–13　Estimation of the Effect of Tourism Industry on GTC

VARIABLES	(1) pooled *lnGTC*	(2) FE *lnGTC*	(3) RE *lnGTC*	(4) fe_PCSE *lnGTC*	(5) fe_dris_kraay *lnGTC*
lntour	0.0144*** (0.00168)	0.00770 (0.00624)	0.00866* (0.00454)	0.0164*** (0.00415)	0.00770 (0.00517)
lnecon	0.0544*** (0.00339)	0.0918*** (0.0129)	0.0843*** (0.00871)	0.0811*** (0.0124)	0.0918*** (0.0108)
lnstr	−0.0283*** (0.00836)	−0.168*** (0.0270)	−0.146*** (0.0247)	−0.0961*** (0.0259)	−0.168*** (0.0233)
lncrea	0.0140*** (0.00152)	0.0125*** (0.00291)	0.0125*** (0.00271)	0.000496 (0.00568)	0.0125*** (0.00365)

续表

VARIABLES	(1) pooled *lnGTC*	(2) FE *lnGTC*	(3) RE *lnGTC*	(4) fe_PCSE *lnGTC*	(5) fe_dris_kraay *lnGTC*
lnopen	−0.0162*** (0.00131)	−0.00533** (0.00259)	−0.00725*** (0.00219)	−0.00704*** (0.00116)	−0.00533*** (0.00149)
lnenvi	0.00897*** (0.00324)	−0.00907* (0.00537)	−0.00790 (0.00503)	0.00139 (0.00245)	−0.00907** (0.00362)
lngov	0.0187*** (0.00374)	−0.00413 (0.0103)	0.00489 (0.00982)	0.0296*** (0.0101)	−0.00413 (0.00954)
Constant	−0.728*** (0.0348)	−0.381*** (0.113)	−0.399*** (0.0850)	−0.546*** (0.129)	−0.381*** (0.0808)
面板设定 F 检验		120.19***			
Hausman 检验		35.48***			
Breusch-Pagan LM 检验			8860.26***		
Modified Wald 检验					20758.74***
Wooldridge 检验					147.173***
Pesaran 检验					130.418***
Frees 检验					79.332***
R-squared	0.390	0.635	0.633	0.448	0.635
Observations	3，408	3，408	3，408	3，408	3，408

注：括号中为标准误；***、**、* 分别表示 0.01、0.05、0.1 的显著性水平。

4.5 本章主要结论

本章是中国旅游业绿色发展效应的核心章节，主要回答旅游业是否促进城市绿色全要素生产率增长，以及旅游业如何促进城市绿色全要素生产率增长两个层面的问题。在理论阐释旅游业影响城市绿色全要素生产率机制、旅游业绿色发展效应空间溢出和非线性机制以及梳理绿色全要素生产率影响因素文献的基础上，利用2005—2016年中国城市面板数据，构建旅游业绿色发展效应面板计量模型并施以参数估计。同时，进一步构建工具变量回归处理内生性问题，并设计四种稳健性检验方案验证参数估计可靠性。最后，揭示了旅游业促进绿色全要素生产率的路径。通过上述分析，得到了本书的两个重要结论：

第一，旅游业能够显著促进城市绿色发展（绿色全要素生产率提升）。不考虑内生性情况下，旅游业发展每提升1%，城市绿色全要素生产率增长0.0189%-0.0285%（固定效应估计系数为0.0285在0.05水平显著、PCSE估计系数为0.0189，在0.01水平显著）。克服内生性情况下，构建旅游总人次滞后1期、2期的工具变量集，旅游业发展的工具变量稳健固定效应2SLS估计系数达0.174在0.01水平显著，工具变量GMM估计系数达0.171在0.01水平显著，远高于不考虑内生性的估计结果。意味着忽略内生性问题，中国旅游业展现的绿色发展效应被低估。并且上述结论得到了替换核心解释变量的代理变量、动态面板估计、滞后效应、剔除样本异常值四种稳健性检验的验证。

第二，旅游业促进城市绿色全要素生产率提升是通过促进绿色技术效率和绿色技术进步综合实现的，旅游业绿色发展效应表现为"双轮驱动"特征。不考虑内生性情况下，旅游业发展每提升1%，城市绿色技术效率增长0.0036%-0.0208%（固定效应估计系数为0.0208在0.01水平显著、PCSE估计系数为0.0036不显著）。旅游业发展每提升1%，城市绿色技术进步增长0.0077%-0.0164%（固定效应估计系数为0.0077不显著、PCSE估计系数为0.0164在0.01水平显著），从固定效应估计结果看，旅游业促进城市绿色全要素生产率增长以促进绿色技术效率为主。

第5章

中国旅游业绿色发展效应：空间视角

第4章从实证层面正面回答了“中国旅游业发展是否支持了区域绿色发展？”这一核心问题，并得到中国旅游业能够显著推动城市绿色发展的关键结论。按照“关系—空间—时间”的三维解构框架，本书希望从空间维度加深对中国旅游业绿色发展效应的认识。第4章已经论述了旅游业绿色发展效应空间溢出的机制，旅游经济活动鲜明的异地情景和空间流动属性，以及城市尺度上旅游业发展、绿色全要素生产率、绿色技术效率、绿色技术进步可能存在的空间集聚性。这使得基于空间视角，将空间因素纳入实证模型中十分必要。故把研究进一步推进，探讨中国旅游业发展对城市绿色全要素生产率增长是否具有显著的空间溢出效应，具体而言做如下安排。首先，进行空间自相关检验，阐述旅游业绿色发展效应空间溢出特征研究的必要性。其次，构建面板空间计量模型并运用相关空间计量流程技术，对旅游业绿色发展效应的空间溢出进行参数估计。最后，讨论分析旅游业对城市绿色全要素生产率、绿色技术效率、绿色技术进步产生的空间溢出效应。

5.1 空间自相关检验

检验变量是否存在空间自相关性是构建空间计量模型研究空间溢出效应

的前提。其实第 3 章已经对绿色全要素生产率进行局部空间自相关检验，第 4 章已经对绿色全要素生产率与旅游业发展进行双变量局部空间自相关检验，上述结果均说明有必要将空间因素纳入模型估计中。在本部分则主要在地理距离空间权重矩阵和经济距离空间权重矩阵下，对绿色全要素生产率、旅游业发展施以全局空间自相关检验，对旅游业发展施以局部空间自相关检验。

5.1.1 空间权重矩阵设置

空间权重矩阵是空间计量经济学实现空间效应估计的基础，对于空间效应估计结果会产生直接影响。最初，空间主要体现在地理空间范畴，常见的表示地理空间概念的空间权重矩阵包括地理邻接矩阵（即 0-1 二进制矩阵）和反地理距离空间权重矩阵（例如，地理距离 1 次方、2 次方等的倒数）两类。随着空间计量经济学的进一步发展，研究者发现空间并非只体现在地理空间上，而在经济距离、文化距离、制度距离等社会经济要素上，也往往参与观测对象之间的互动影响，上述要素的差异对具体变量的估计结果也存在影响，因此，在空间权重矩阵设置时，基于上述社会经济要素距离的嵌套空间权重矩阵应运而生。在本书中，既考虑地理实体空间也考虑经济虚拟空间，选用地理距离空间权重矩阵①和经济距离空间权重矩阵两类权重矩阵，实施后文空间自相关分析和空间计量模型检验与估计。

5.1.1.1 地理距离空间权重矩阵

根据美籍瑞士地理学家 Waldo Tobler 提出的“地理学第一定律”（Tobler’s First Law of Geography），任何事物都是与其他事物相关的，只不过空间距离相近的事物之间关联更加紧密[179]。本章应用的地理距离空间权重矩阵即按照这一思路，根据两个空间单元之间的地理距离的倒数来设定，以此将空间关

① 本书没有选择地理邻接矩阵的原因是：该矩阵只能以二进制表达观测对象的空间相对位置，即相邻为 1、不相邻为 0。这种空间关系表达过于简单，以相邻与否将观测对象之间的经济联系强行截断，特别是基于城市尺度的研究而言，即使不相邻的城市间由于实际地理距离并不遥远也可能产生相互影响，但该矩阵则将其定义为无影响，这显然有悖于客观事实。

系表示为两个单元地理距离越近，两者相互影响越大，空间权重也越大，这也是空间计量中较为成熟和广泛使用的一类空间权重矩阵。由于空间单元城市为面要素，本书以每个城市面要素的质心经纬度坐标来计算城市间空间距离。其具体形式如下式：

$$W_{ij}=\begin{cases}1/S_{ij}, & i\neq j\\ 0, & i=j\end{cases}$$

其中 W_{ij} 为 i 城市与 j 城市之间的空间权重，S_{ij} 为 i 城市与 j 城市质心之间的欧氏距离。

5.1.1.2 经济距离空间权重矩阵

地理空间权重矩阵只将地理空间位置信息一种信息纳入空间权重矩阵，但是在旅游业发展和区域绿色发展的客观现实中，空间单元之间的经济相互作用与影响的大小并非只反映在地理位置的远近上。特别是已有大量研究表明，经济、文化、制度等非物质要素也参与到不同空间单元经济活动的交互影响中[180][181][182]。鉴于此，采用一种基于地区经济差异和地理空间权重矩阵嵌套的经济距离空间权重矩阵会使本章的考察更加全面和稳健。本书选用的经济距离空间权重矩阵由王火根[183]（2007）、王立平[184]（2010）等人提出并得到广泛应用，其基本思想是通过计算考察研究时期各城市实际 GDP 占所有样本城市实际 GDP 总量的比重的均值，来测度该城市经济水平，并且假定经济实力强的城市会对周围城市产生更强的影响，反之经济实力较弱的城市则无法对周围城市产生较强的影响。其具体形式为：

$$W_{ij}=W_1\times diag\left(\frac{\overline{Y}_1}{\overline{\overline{Y}}},\frac{\overline{Y}_2}{\overline{\overline{Y}}},\dots,\frac{\overline{Y}_n}{\overline{\overline{Y}}}\right)$$

其中 W_{ij} 为 i 城市与 j 城市之间的空间权重，W_1 为地理空间权重矩阵，$diag\left(\frac{\overline{Y}_1}{\overline{\overline{Y}}},\frac{\overline{Y}_2}{\overline{\overline{Y}}},\dots,\frac{\overline{Y}_n}{\overline{\overline{Y}}}\right)$为各城市 GDP 所占比重均值为对角元所构成的对角矩阵，$\overline{Y}_i=\frac{1}{t_1-t_{0+1}}\sum_{t=t_0}^{t_1}Y_{it}$表示考察期内 i 城市实际 GDP，$Y_i=\frac{1}{n(t_1-t_{0+1})}\sum_{t=t_0}^{t_1}\sum_{i=1}^{n}Y_{it}$

表示考察期内所有城市的实际 GDP。

5.1.2 空间自相关检验

5.1.2.1 全局空间自相关检验

1. 全局空间自相关检验方法

探索性空间分析方法中的全局 Moran's I 指数是开展全局空间自相关检验的成熟技术，可以识别相关变量的空间集聚程度和关联。当全局 Moran's I ＞ 0 时表示研究对象之间存在空间正相关关系（高高相邻或低低相邻）；全局 Moran's I ＜ 0 表示研究对象之间存在空间负相关关系（高低相邻或低高相邻）。全局 Moran's 指数表达式如下[23]：

$$I=n\sum_{i}^{n}\sum_{j}^{n}w_{ij}(y_i-\overline{y})(y_j-\overline{y})\Bigg/\left(\sum_{i}^{n}\sum_{j}^{n}w_{ij}\right)\sum_{i}^{n}(y_j-\overline{y})^2$$

式中 n 为城市数量；$\overline{y}$ 为考察变量均值；y_i，y_j 分别表示第 i，j 个区域的变量值；wij 为空间权重矩阵。

本书利用 Stata 软件实现计算，同时为了增强结果稳健性，分别利用地理距离空间权重矩阵和经济距离空间权重矩阵进行测算，软件结果返回全局 Moran's I 指数，Z 值、P 值以确定全局空间自相关显著性。

2. 被解释变量全局空间自相关检验

根据上述全局空间自相关检验方法，本书对核心解释变量旅游业发展与被解释变量绿色全要素生产率、绿色技术效率、绿色技术进步的全局 Moran's I 指数进行测算，从而判断两个变量是否存在空间相关性，进而说明使用空间计量模型探讨旅游业绿色发展效应空间溢出的必要性。表 5-1 报告了被解释变量绿色全要素生产率在两类空间权重矩阵下的全局空间自相关检验结果。结果表明：①两类空间权重矩阵计算的绿色全要素生产率的全局 Moran's I 指数在研究时间序列内均为正值且通过 0.01 显著性水平检验，均呈现显著的空间正相关。表明空间上绿色全要素生产率并非完全随机分布，而是具有明显的正向空间集聚特征。②就地理距离空间权重矩阵结果而言，全局 Moran's I 指数呈现波动变化，但空间相关性总体上升。③就地理距离空间权重矩阵结果而言，全局 Moran's I 指数呈现倒“U”形的波动变化，但空间相关性先上升再下降。全局空间自相关检验结果具有差异，主要是由于空间权重矩阵不同而引起的。但这并不妨碍本书得出，被解释变量存在全局空间正相关的基本结论。

表 5–1 绿色全要素生产率全局空间自相关检验结果

Tab 5–1 Global Spatial Autocorrelation Test Results of GTFP

年份	指标	地理距离空间权重矩阵			经济距离空间权重矩阵		
		Moran's I	Z 值	P 值	Moran's I	Z 值	P 值
2005	*lnGTFP*	0.020***	4.593	0.000	0.017***	3.049	0.002
2006	*lnGTFP*	0.036***	7.757	0.000	0.033***	5.477	0.000
2007	*lnGTFP*	0.036***	7.674	0.000	0.034***	5.748	0.000
2008	*lnGTFP*	0.035***	7.508	0.000	0.036***	5.931	0.000
2009	*lnGTFP*	0.033***	7.148	0.000	0.031***	5.235	0.000
2010	*lnGTFP*	0.034***	7.415	0.000	0.031***	5.234	0.000
2011	*lnGTFP*	0.037***	7.969	0.000	0.032***	5.398	0.000
2012	*lnGTFP*	0.038***	8.032	0.000	0.033***	5.562	0.000
2013	*lnGTFP*	0.033***	7.139	0.000	0.023***	4.087	0.000
2014	*lnGTFP*	0.036***	7.793	0.000	0.025***	4.401	0.000
2015	*lnGTFP*	0.037***	7.896	0.000	0.027***	4.672	0.000
2016	*lnGTFP*	0.031***	6.742	0.000	0.023***	4.074	0.000

注：***、**、* 分别表示 0.01、0.05、0.1 的显著性水平。

表 5–2 绿色技术效率全局空间自相关检验结果

Tab 5–2 Global Spatial Autocorrelation Test of GEC

年份	指标	地理距离空间权重矩阵			经济距离空间权重矩阵		
		Moran's I	Z 值	P 值	Moran's I	Z 值	P 值
2005	*lnGEC*	0.014***	3.399	0.001	0.014***	2.671	0.008
2006	*lnGEC*	0.031***	6.734	0.000	0.030***	5.118	0.000
2007	*lnGEC*	0.028***	6.183	0.000	0.027***	4.641	0.000

续表

年份	指标	地理距离空间权重矩阵			经济距离空间权重矩阵		
		Moran's I	Z 值	P 值	Moran's I	Z 值	P 值
2008	*lnGEC*	0.028***	6.206	0.000	0.027***	4.561	0.000
2009	*lnGEC*	0.024***	5.396	0.000	0.021***	3.702	0.000
2010	*lnGEC*	0.021***	4.873	0.000	0.018***	3.282	0.001
2011	*lnGEC*	0.021***	4.724	0.000	0.015***	2.838	0.005
2012	*lnGEC*	0.020***	4.514	0.000	0.016***	2.933	0.003
2013	*lnGEC*	0.016***	3.842	0.000	0.009**	1.978	0.048
2014	*lnGEC*	0.019***	4.361	0.000	0.008*	1.729	0.084
2015	*lnGEC*	0.016***	3.846	0.000	0.011**	2.234	0.025
2016	*lnGEC*	0.011***	2.802	0.005	0.010**	2.013	0.044

注：***、**、* 分别表示 0.01、0.05、0.1 的显著性水平。

表 5-3　绿色技术进步全局空间自相关检验结果

Tab 5-3　Global Spatial Autocorrelation Test Results of GTC

年份	指标	地理距离空间权重矩阵			经济距离空间权重矩阵		
		Moran's I	Z 值	P 值	Moran's I	Z 值	P 值
2005	*lnGTC*	0.017***	4.192	0.000	0.018***	3.371	0.001
2006	*lnGTC*	0.019***	4.636	0.000	0.021***	3.780	0.000
2007	*lnGTC*	0.037***	8.275	0.000	0.047***	7.912	0.000
2008	*lnGTC*	0.027***	6.404	0.000	0.034***	5.815	0.000
2009	*lnGTC*	0.028***	6.663	0.000	0.032***	5.512	0.000
2010	*lnGTC*	0.032***	7.349	0.000	0.040***	6.822	0.000
2011	*lnGTC*	0.037***	8.198	0.000	0.046***	7.703	0.000
2012	*lnGTC*	0.039***	8.566	0.000	0.049***	8.164	0.000
2013	*lnGTC*	0.047***	9.988	0.000	0.062***	10.034	0.000
2014	*lnGTC*	0.046***	9.959	0.000	0.058***	9.506	0.000
2015	*lnGTC*	0.053***	11.258	0.000	0.071***	11.402	0.000
2016	*lnGTC*	0.053***	11.274	0.000	0.073***	11.708	0.000

注：***、**、* 分别表示 0.01、0.05、0.1 的显著性水平。

3. 核心解释变量全局空间自相关检验

表5-4则报告了核心解释变量旅游业发展在两类空间权重矩阵下的全局空间自相关检验结果。结果与上文被解释变量类似：①两类空间权重矩阵计算的旅游业发展的全局 Moran's I 指数在研究时间序列内均为正值且通过0.01显著性水平检验，均呈现显著的空间正相关，全局 Moran's I 指数绝对数值上比绿色全要素生产率检验结果更大，体现更强的空间依赖性。表明空间上旅游业发展并非完全随机分布，而是具有明显的正向空间集聚特征。②就地理距离空间权重矩阵结果而言，全局 Moran's I 指数呈现波动上升。③就地理距离空间权重矩阵结果而言，全局 Moran's I 指数则呈现波动下降变化。两者之间存在的差异，仍然是空间权重矩阵的不同造成的。但类似的是，核心解释变量存在全局空间正相关的基本结论是较稳健的。

表5-4 旅游业发展全局空间自相关检验结果

Tab 5-4 Global Spatial Autocorrelation Test Results of Tourism Industry

年份	指标	地理距离空间权重矩阵			经济距离空间权重矩阵		
		Moran's I	Z值	P值	Moran's I	Z值	P值
2005	*lntour*	0.088***	17.896	0.000	0.072***	11.470	0.000
2006	*lntour*	0.087***	17.585	0.000	0.068***	10.874	0.000
2007	*lntour*	0.087***	17.667	0.000	0.068***	10.874	0.000
2008	*lntour*	0.088***	17.778	0.000	0.070***	11.091	0.000
2009	*lntour*	0.082***	16.742	0.000	0.066***	10.551	0.000
2010	*lntour*	0.083***	16.761	0.000	0.065***	10.426	0.000
2011	*lntour*	0.087***	17.626	0.000	0.065***	10.382	0.000
2012	*lntour*	0.086***	17.435	0.000	0.061***	9.744	0.000
2013	*lntour*	0.084***	16.964	0.000	0.056***	9.050	0.000
2014	*lntour*	0.085***	17.193	0.000	0.053***	8.581	0.000
2015	*lntour*	0.090***	18.312	0.000	0.054***	8.767	0.000
2016	*lntour*	0.097***	19.545	0.000	0.058***	9.267	0.000

注：***、**、*分别表示0.01、0.05、0.1的显著性水平。

5.1.2.2 局部空间自相关检验

全局空间自相关检验反映了变量在整体上的空间集聚特征，局部空间自相关则可以进一步揭示空间相关性的局部特征。局部空间自相关检验方法已在第 3 章中使用，其中，被解释变量绿色全要素生产率局部空间自相关检验详细分析见本书 3.2 中[①]。本章仅报告核心解释变量旅游业发展 *lntour* 的局部空间自相关检验结果[②]。

结果显示：总体看，旅游业发展在局部空间呈现显著的空间相关性，并以 H-H 集聚和 L-L 集聚为主。换言之，旅游业发展以空间正相关为主，与全局空间自相关结果相吻合。①对于 H-H 集聚区，表示本地与邻地旅游业发展都较好。从空间格局上看，该类型集聚区主要位于环渤海城市群如辽宁、山东等省份以及东南沿海长三角、海峡西岸地区的江苏、上海、浙江、福建、广东、安徽等省份。从时间演化上看，东南沿海长三角、海峡西岸地区的 H-H 集聚区在研究时段内先缩小，但是 2013—2016 年地域范围明显扩大。环渤海城市群等城市的 H-H 集聚区在研究时段内不断缩小，到 2016 年仅保留山东半岛个别城市。值得注意的是，成渝城市群个别城市在 2016 年由不显著区域演化为 H-H 集聚区域。②对于 L-L 集聚区，表示本地与邻地旅游业发展水平都较低。从空间格局上看，该类型集聚区主要位于中国西北部陕西、青海、甘肃等省份，以及东北部黑龙江、吉林等省份。从时间演化上看，位于中国西北部的 L-L 集聚区空间形态较为稳定，东北部的 L-L 集聚区空间范围有小幅扩张，与东北近些年经济明显下行和爆发出的旅游负面舆情事件有所关联。③对于 L-H 集聚区，零星分布于 H-H 集聚区的边缘地带。④对于 H-L 集聚区，零星分布于 L-L 集聚区的边缘地带。⑤包括中国中部腹地在内的大部分城市处于旅游业发展局部空间自相关未通过 0.01 显著性水平的不显著区域。上述发现描绘了中国城市旅游经济的版图，对比前文绿色全要素生产率局部空间自相关检验结果，除了在东北地区 L-L 集聚区的分布具有一致性，其余类型集聚区空间格局具有明显差异。

① 限于篇幅，城市绿色技术效率与绿色技术进步局部空间自相关检验结果备索。

② 限于篇幅，旅游业发展局部空间自相关检验结果备索。

5.2 旅游业绿色发展效应的空间溢出

被解释变量和解释变量全局空间自相关检验及局部空间自相关检验结果已经明确了从空间溢出视角对旅游业影响城市绿色发展做进一步探讨的必要性。本部分则开始进行面板空间计量模型构建与选择、面板空间计量模型估计以及旅游业绿色发展效应的空间溢出特征的分析。

5.2.1 面板空间计量模型构建与选择

5.2.1.1 面板空间计量模型构建

空间计量经济学的发展经历了由简单到复杂的过程，针对不同空间传导机制及其所对应的现实经济意义不同的各类空间计量模型得到发展。空间计量经济学起初关注被解释变量空间滞后以及只包含空间误差项自相关的两种情形，并相应构建了 SLM 空间滞后模型（也称 SAR 空间自回归模型）以及 SEM 空间误差模型以开展实证研究。随着空间计量经济学的进一步发展，有学者指出，空间效应的传导可能同时发生于被解释变量空间滞后以及随机冲击所造成的误差项变化。进而提出 SDM 空间杜宾模型，以综合考虑上述两种空间传导机制。所以，选择合适的空间计量模型对于空间效应的估计至关重要，然而旅游业对城市绿色发展的空间效应究竟以何种空间传导机制实现尚无法确定，因此本书首先按照面板空间滞后模型、面板空间误差模型、面板空间杜宾模型三种模型分别对绿色全要素生产率、绿色技术效率、绿色技术进步三个被解释变量进行实证模型构建，再通过一定程序确定究竟以何种模型作为最终模型估计。

1. 面板空间滞后模型

面板空间滞后模型假设被解释变量会通过空间相互作用对其他地区的绿色发展产生影响，主要适用于研究被解释变量在一个地区是否存在溢出效应。

构建的三个面板空间滞后模型如下：

$$lnGTFP_{i,t}=\mu_i+\rho WlnGTFP_{i,t}+\beta_{GTFP}\,lntour_{i,t}+\delta_{GTFP}\,X_{it}+\varepsilon_{it}$$

$$lnGEC_{i,t}=\mu_i+\rho WlnGECi,t+\beta_{GEC}\,lntour_{i,t}+\delta_{GEC}\,X_{it}+\varepsilon_{it}$$

$$lnGTC_{i,t}=\mu_i+\rho WlnGTC_{i,t}+\beta_{GTC}\,lntour_{i,t}+\delta_{GTC}\,X_{it}+\varepsilon_{it}$$

以绿色全要素生产率估计模型为例，其中 W 为空间权重矩阵，参数 ρ 为空间滞后被解释变量 $WlnGTFP_{i,t}$ 的估计系数，反映样本观测值中的空间依赖作用，表明相邻城市之间的影响程度。β_{GTFP} 为核心解释变量旅游业发展的估计系数，X_{it} 为包括经济发展水平（*lnecon*）、产业结构（*lnstr*）、创新能力（*lncrea*）、对外开放水平（*lnopen*）、环境规制水平（*lnenvi*）、政府干预程度（*lngov*）在内控制变量，δ_{GEC} 为各控制变量估计系数，μ_i 为非观测的个体固定效应，ε_{it} 为随机扰动项。

2. 面板空间误差模型

面板空间误差模型假定旅游业绿色发展效应溢出产生的原因是随机冲击的结果，其空间效应主要通过误差项传导。当地区之间的相互作用因所处的相对地理空间不同而存在差异时，则采用这种模型。构建的三个面板空间误差模型如下：

$$lnGTFP_{i,t}=\mu_i+\beta_{GTFP}\,lntour_{i,t}+\delta_{GTFP}\,X_{it}+\lambda Wu_{it}+\varepsilon_{it}$$

$$lnGEC_{i,t}=\mu_i+\beta_{GEC}\,lntour_{i,t}+\delta_{GEC}\,X_{it}+\lambda \mathrm{Wu}_{it}+\varepsilon_{it}$$

$$lnGTC_{i,t}=\mu_i+\beta_{GTC}\,lntour_{i,t}+\delta_{GTC}\,X_{it}+\lambda \mathrm{Wu}_{it}+\varepsilon_{it}$$

以绿色全要素生产率估计模型为例，λ 为随机误差项的空间误差系数，衡量了样本观测值中的空间依赖作用，表明一个区域变量变化对相邻区域的溢出程度。其他字母含义与 SLM 模型中相同。

3. 面板空间杜宾模型

面板空间杜宾模型是一个相比空间滞后模型和空间误差模型更一般形式的空间面板模型。Beer 和 Riedl（2012）指出该模型同时包含空间滞后的内生变量和外生变量，是一个捕捉不同类型空间溢出效应的合适框架模型[185]。空间杜宾模型考虑了空间交互作用，即一个城市的绿色发展水平不仅受本城市解释变量的影响，还会受到其他城市绿色发展水平和解释变量的影响。该模型具有如下优点：一是无论真实的数据生成过程是空间滞后模式还是空间误差模式，其都能保证模型系数无偏估计；二是其对潜在空间溢出效应的规模没有提前施加任何限制[26][186]。构建的三个面板空间杜宾模型如下：

$$lnGTFP_{i,t}=\mu_i+\rho WlnGTFP_{i,t}+\beta_{1GTFP}\,lntour_{it}+\beta_{2GTFP}\,X_{it}+\theta_{1GTFP}\,Wlntour_{it}+\theta_{2GTFP}\,WX_{it}+\varepsilon_{it}$$

$$lnGEC_{i,t}=\mu_i+\rho WlnGEC_{i,t}+\beta_{1GEC}\,lntour_{it}+\beta_{2GEC}\,X_{it}+\theta_{1GEC}\,Wlntour_{it}+\theta_{2GEC}\,WX_{it}+\varepsilon_{it}$$

$$lnGTC_{i,t}=\mu_i+\rho WlnGTC_{i,t}+\beta_{1GTC}\,lntour_{it}+\beta_{2GTC}\,X_{it}+\theta_{1GTC}\,Wlntour_{it}+\theta_{2GTC}\,WX_{it}+\varepsilon_{it}$$

以绿色全要素生产率估计模型为例，ρ 为被解释变量空间回归系数，β_{1GTFP}、β_{2GTFP} 为解释变量回归估计系数，θ_{1GTFP}、θ_{2GTFP} 为解释变量空间回归估计系数。其他字母含义与 SLM、SEM 模型中相同。

5.2.1.2 面板空间计量模型检验与选择

1. 面板空间计量模型选择流程

面板空间计量模型的选择是开展参数估计的基础。本书根据既有面板空间计量研究成果，梳理出在面板空间滞后模型、面板空间误差模型、面板空间杜宾模型三个面板空间计量模型之间进行选择的技术流程（见图 5-1）。面板空间计量模型的选择主要是依靠 Moran's I 检验、Lrations 检验、Walds 检验、LM-error 检验、LM-lag 检验、LR-lag 检验、LR-error 检验、Robust LMlag 检验、Robust LMerror 检验等分步判断实现的。总体流程是，首先利用 Moran's I 检验、Lrations 检验进行面板空间自相关再检验。接着，运用 LM-error 检验、LM-lag 检验判断空间关联是以误差项还是以滞后项存在。如果发现两种情形都存在，则用 LR-lag 检验、LR-error 检验判断是否选择 SDM 模型以及结合 Robust LMlag 检验、Robust LMerror 检验判断 SDM 是否可以简化为 SEM 和 SLM 模型。

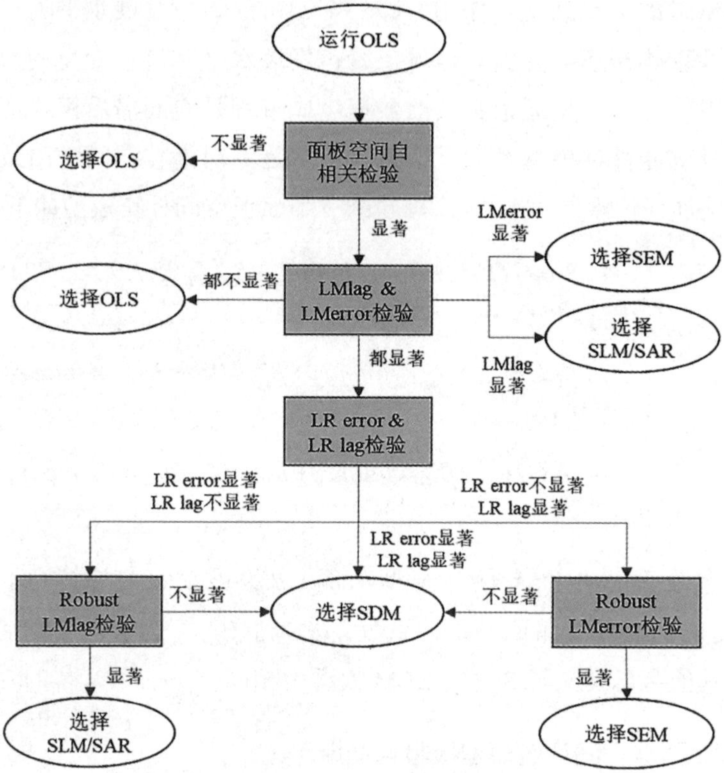

图 5–1　面板空间计量模型选择流程

Fig 5–2　Selection Process of Panel Spatial Econometric Model

2. 面板空间计量模型检验与选择结果

按照上述流程，利用 MATLAB 软件依次实施各项检验，结果报告于表 5–5。结果显示：①以绿色全要素生产率为被解释变量的模型，Moran's I 检验达到 0.05 显著性水平、Lrations 检验和 Walds 检验均达到 0.01 显著性水平，进一步 LM-error 检验在 0.1 水平显著，LM-lag 检验在 0.01 水平显著，继续施以 LR-lag 检验和 LR-error 检验，两者分别在 0.05 和 0.01 显著性水平上显著，则最终应选择面板空间杜宾模型。②以绿色技术效率为被解释变量的模型，Moran's I 检验达到 0.05 显著性水平，Lrations 检验和 Walds 检验却均不显著，但是综合前文全局空间自相关检验结果，本书仍然将其视为需要运用空间计量模型，其次 LM-error 检验和 LM-lag 检验分别在 0.1 和 0.01 水平上显著，接着进行 LR-lag 检验和 LR-error 检验均在 0.1 水平上显著，表明应选择面板空间杜宾模型。③以绿色技术进步为被解释变量的模型，Moran's I 检验、Lrations 检验和 Walds 检验均达到 0.01 显著性水平，LM-error 检验进一步在 0.05 水平显著，LM-lag 检验在 0.01 水平显著，继续进行 LR-lag 检验和 LR-error 检验，两者均在 0.01 显著性水平上显著，因此，最终也选择了面板空间杜宾模型。

表 5–5　面板空间计量模型检验结果

Tab 5–5　Panel Space Regression Model Test Results

		Moran's I	Lrations	Walds	LM-error	LM-lag	LR-lag	LR-error
lnGTFP	统计量	2.2195**	107.2007***	204.2316***	3.8173*	13.2670***	6.5405**	8.1181***
	临界值	1.9600	6.6350	6.6350	17.6110	6.6350	6.6350	6.6350
	P 值	0.0265	0.0000	0.0000	0.0507	0.0003	0.0105	0.0044
lnGEC	统计量	2.1824**	1.4743	2.2836	3.6788*	6.7963***	3.4106*	3.7144*
	临界值	1.9600	6.6350	6.6350	17.6110	6.6350	6.6350	6.6350
	P 值	0.0291	0.2247	0.1308	0.0551	0.0091	0.0648	0.0539
lnGTC	统计量	2.7102***	127.7672***	206.6925***	5.8900**	9.8463***	10.9997***	14.1311***
	临界值	1.9600	6.6350	6.6350	17.6110	6.6350	6.6350	6.6350
	P 值	0.0067	0.0000	0.0000	0.0152	0.0017	0.0009	0.0002

注：***、**、* 分别表示 0.01、0.05、0.1 的显著性水平。

5.2.2 面板空间杜宾模型估计结果

利用 MATLAB 软件对构建的面板空间杜宾模型同时在地理距离空间权重矩阵和经济距离空间权重矩阵下进行参数估计。由于在空间面板计量模型估计中，极大似然估计（MLE）较传统的 OLS 估计更有效，因此，本书利用该方法进行模型的有效估计。首先 Hausman 检验统计量显著表明应当施以固定效应模型估计，本部分进一步参照既有研究同时对空间效应和时间效应进行时空双固定[187][188]，结果报告于表 5–6。

（1）旅游业发展与绿色全要素生产率空间计量结果显示：①地理距离空间权重矩阵下，*lntour* 估计系数为 0.0408 且通过 0.01 显著性水平。空间滞后

项 *W*lntour* 估计系数为 0.1782，为正且通过 0.1 显著性水平。*W*dep* 估计系数为 −0.8530，为负且通过 0.01 显著性水平。②经济距离空间权重矩阵下，*lntour* 系数为 0.0397 且通过 0.01 显著性水平。空间滞后项 *W*lntour* 估计系数为 0.1167，为正且通过 0.05 显著性水平。*W*dep* 估计系数为 −0.8370，为负且通过 0.01 显著性水平。③两类空间权重矩阵估计的结果类似表明结果稳健。估计结果说明旅游业的发展能够促进城市绿色全要素生产率增长，支持了第 4 章普通面板模型所得出的相应结论。同时，空间滞后项估计结果显示，本地旅游业的发展能够促进邻近区域城市的绿色全要素生产率提升，即产生正向的空间溢出效应。*W*dep* 的估计结果则说明，本地城市绿色全要素生产率的提升，会对邻近地区城市的绿色全要素生产率形成抑制作用。

（2）旅游业发展与绿色技术效率空间计量结果显示：①地理距离空间权重矩阵下，*lntour* 估计系数为 0.0199 且通过 0.01 显著性水平。空间滞后项 *W*lntour* 估计系数为 0.1238，为正且通过 0.1 显著性水平。*W*dep* 估计系数为 −0.8360，为负且通过 0.01 显著性水平。②经济距离空间权重矩阵下，*lntour* 估计系数为 0.0188 且通过 0.01 显著性水平，空间滞后项 *W*lntour* 估计系数为 0.1016，为正且通过 0.05 显著性水平。*W*dep* 估计系数为 −0.9680 为，负且通过 0.01 显著性水平。③两类空间权重矩阵估计的结果类似表明结果稳健。估计结果说明旅游业的发展能够促进城市绿色技术效率增长，支持了第 4 章普通面板模型所得出的相应结论。同时，空间滞后项估计结果显示，本地旅游业的发展能够促进邻近区域城市的绿色技术效率提升，即产生正向的空间溢出效应。*W*dep* 的估计结果则说明，本地城市的绿色技术效率的提升，会对邻近地区城市的绿色技术效率形成抑制作用。

（3）旅游业发展与绿色技术进步空间计量结果显示：①地理距离空间权重矩阵下，*lntour* 估计系数为 0.0208 且通过 0.01 显著性水平，空间滞后项 *W*lntour* 估计系数为 0.0424，为正但未通过显著性检验。*W*dep* 估计系数为 −0.3620 为负且通过 0.1 显著性水平。②经济距离空间权重矩阵下，*lntour* 估计系数为 0.0209，且通过 0.01 水平显著性检验，空间滞后项 *W*lntour* 估计系数为 0.012，为正但未通过显著性检验。*W*dep* 估计系数为 −0.3130 为负且通过 0.1 显著性水平。③两类空间权重矩阵估计的结果类似，表明结果稳健。估计结果说明旅游业的发展能够促进城市绿色技术进步增长，支持了第 4 章普通面板模型所得出的相应结论。同时，空间滞后项估计结果显示，本地旅游业的发展对邻近区域城市的绿色技术进步具有正向的推动作用，但正向的空间溢出效应并不显著。*W*dep* 的估计结果则说明，本地城市的绿色技术进步的提升，则会对邻近地区城市的绿色技术进步形成抑制作用。

需要指出的是，由于 Lesage 和 Pace（2009）认为使用点估计检验空间溢出效应可能会出现模型估计偏误问题[189]。因此，此部分空间杜宾模型估计结果仅是对旅游业绿色发展效应的空间溢出特征做出的初步判断。后文将借助偏导数，对旅游业绿色发展效应的空间溢出特征进行更加准确的估计。

表 5–6　面板空间杜宾模型估计结果

Tab 5–6　Estimation Results of SDM

变量	地理距离空间权重矩阵			经济距离空间权重矩阵		
	GTFP	GEC	GTC	GTFP	GEC	GTC
lntour	0.0408*** （7.4319）	0.0199*** （5.1374）	0.0208*** （6.3585）	0.0397*** （7.2235）	0.0188*** （4.8623）	0.0209*** （6.3802）
lnecon	0.1547*** （15.2058）	0.0774*** （10.7684）	0.0773*** （12.7428）	0.1530*** （15.0659）	0.0761*** （10.6417）	0.0770*** （12.7072）
lnstr	−0.0332 （−1.5966）	−0.0089 （−0.6033）	−0.0251* （−2.0244）	−0.0380* （−1.8314）	−0.0113 （−0.7708）	−0.0269** （−2.1693）
lncrea	−0.0026 （−0.4785）	−0.0131*** （−3.3771）	0.0106*** （3.2453）	−0.0007 （−0.1244）	−0.0117*** （−3.0234）	0.0110*** （3.3588）
lnopen	−0.0219*** （−6.1621）	−0.0032 （−1.268）	−0.0188*** （−8.8481）	−0.0231*** （−6.5056）	−0.0043* （−1.7062）	−0.0189*** （−8.9103）
lnenvi	0.0173* （1.6644）	−0.0008 （−0.1041）	0.0180*** （2.8955）	0.0178* （1.7117）	−0.0004 （−0.0521）	0.0180*** （2.8914）
lngov	0.0669*** （5.1305）	0.0438*** （4.7548）	0.0228*** （2.9287）	0.0634*** （4.8555）	0.0416*** （4.523）	0.0216*** （2.7659）
*W*lntour*	0.1782* （1.9541）	0.1238* （1.9305）	0.0424 （0.789）	0.1167** （2.0729）	0.1016** （2.564）	0.012 （0.3614）
*W*lnecon*	0.0497 （0.3619）	0.0464 （0.484）	−0.0252 （−0.3117）	0.0661 （0.5087）	−0.0085 （−0.0937）	0.0601 （0.7802）

续表

变量	地理距离空间权重矩阵			经济距离空间权重矩阵		
	GTFP	GEC	GTC	GTFP	GEC	GTC
*W*lnstr*	0.2823 （0.8164）	−0.1192 （−0.488）	0.3650* （1.7682）	0.0899 （0.3905）	−0.1715 （−1.0566）	0.2429* （1.7671）
*W*lncrea*	−0.2967*** （−3.2778）	−0.2531*** （−3.9109）	−0.0474 （−0.8864）	−0.1915*** （−3.3875）	−0.1887*** （−4.656）	−0.019 （−0.5665）
*W*lnopen*	0.1009* （1.7726）	0.1167*** （2.8767）	−0.0074 （−0.2161）	0.0081 （0.2168	0.0297 （1.1362）	−0.0124 （−0.556）
*W*lnenvi*	0.1961 （1.2691）	0.1195 （1.096）	0.0598 （0.6481）	0.2178** （1.8264	0.1479* （1.7641）	0.0555 （0.781）
*W*lngov*	0.2284 （1.0977）	0.0878 （0.5991）	0.1045 （0.8457）	−0.0263 （−0.174	−0.063 （−0.5926）	0.031 （0.3437）
*W*dep.var.*	−0.8530*** （−3.3942）	−0.8360*** （−3.3453）	−0.3620* （−1.6581）	−0.8370*** （−4.364）	−0.9680*** （−4.8677）	−0.3130* （−1.9448）
空间效应	控制	控制	控制	控制	控制	控制
时间效应	控制	控制	控制	控制	控制	控制
Log-likelihood	835.9125	1511.8939	1845.2125	830.0902	1511.4533	1843.7069
R-squared	0.3915	0.2385	0.4141	0.3912	0.2432	0.4137

注：括号内为 T 值；***、**、* 分别表示 0.01、0.05、0.1 的显著性水平；Matlab 计算结果。

5.2.3 空间溢出效应分析

在包含空间滞后项的空间计量模型中，自变量对因变量的影响不能简单地用回归系数表征。LeSage 和 Pace（2009）根据空间效应作用的范围和对象的不同，将空间计量模型中自变量对因变量的影响分为直接效应、间接效应（空间溢出效应）和总效应[190]。其中，直接效应反映了解释变量对本区域被解释变量的平均影响，空间溢出效应反映解释变量对其他区域被解释变量的平均影响，而总效应反映的是解释变量对全部区域产生的平均影响[190]。Lesage 和 Pace 进一步指出，偏微分方法可以弥补点估计法在解释空间效应方面存在的缺陷，有效解释随机冲击对各个变量的影响，从而正确测度空间计量模型中自变量对因变量产生的直接效应、空间溢出效应和总效应[190]。

将 SDM 模型进行移项形式转化为：

$$(I_n-\rho W)Y=\iota_n\mu_0'+\beta X+\theta WX+\varepsilon$$

并令 $P(W)=(I_n-\rho W)^{-1}$ 以及 $Q_m(W)=P(W)(I_n\beta_m+\theta_m W)$，则上式转化为：

$$Y=\sum\nolimits_{m=1}^{k}Q_m(W)X_m+P(W)_{in}\beta_0'+P(W)\varepsilon$$

再将上式转换为矩阵形式即为：

$$\begin{bmatrix}Y_1\\Y_2\\Y_3\\\vdots\\\vdots\\Y_n\end{bmatrix}=\sum_{m=1}^{k}\begin{bmatrix}Q_m(W)_{11} & Q_m(W)_{12} & \cdots & \cdots & Q_m(W)_{1n}\\Q_m(W)_{21} & Q_m(W)_{22} & \cdots & \cdots & Q_m(W)_{2n}\\\vdots & \vdots & \ddots & & \vdots\\Q_m(W)_{(n-1)1} & Q_m(W)_{(n-2)2} & & \ddots & Q_m(W)_{(n-1)n}\\Q_m(W)_{n1} & Q_m(W)_{n2} & \cdots & \cdots & Q_m(W)_{nn}\end{bmatrix}\begin{bmatrix}X_{1m}\\X_{2m}\\X_{3m}\\\vdots\\\vdots\\X_{nm}\end{bmatrix}+P(W)(\iota_n\beta_0'+\varepsilon)$$

其中：m 表示第 m 个解释变量，$m=1,2,\cdots,k$。等号右侧第一个矩阵即是 Lesage 和 Pace（2009）构建的偏微分矩阵，对角线上元素代表某城市的 X_{ik} 变量变化对本城市的被解释变量造成的平均影响，即直接效应，$direct=\frac{\partial Y_i}{\partial X_{im}}=Q_m(W)_{ii}$；非对角线上元素代表某城市的 X_{ik} 变量变化对其他城市的被解释变量造成的平均影响，即间接效应也就是空间溢出效应，$indirect=\frac{\partial Y_i}{\partial X_{im}}=Q_m(W)_{ij}$；总效应是直接效益与间接效应的加总，$total=Q_m(W)_{ii}+Q_m(W)_{ij}$[191]。

按照上述方法，仍然在地理距离空间权重矩阵和经济距离空间权重矩阵下利用时空双固定效应 SDM 模型实施估计，进一步利用 MATLAB 软件通过偏微分的方式将旅游业对绿色全要素生产率、绿色技术效率、绿色技术进步的总效应分解为直接效应、间接效应。同样，结果报告于表 5-7、表 5-8。其中总效应表示旅游业对绿色全要素生产率、绿色技术效率、绿色技术进步的整体影响，总效应由直接效益和间接效应构成，算数关系是总效应 = 直接效益 + 间接效应。直接效应则由两种作用路径体现，一方面是旅游业对旅游目的地本地的绿色全要素生产率、绿色技术效率、绿色技术进步的直接影响，另一方面是旅游业对邻近区域内城市绿色全要素生产率、绿色技术效率、绿色技术进步具有间接影响，但这种影响又以被解释变量的空间溢出影响自身城市的绿色全要素生产率、绿色技术效率、绿色技术进步，也就是空间回馈效应。类似的，间接效应也可以分为两种影响路径，其一是邻近区域城市旅游业发展发生变化直接对本地城市的绿色全要素生产率、绿色技术效率、绿色技术进步产生影响，另一种是邻近区域城市旅游业发展发生变化首先使邻近区域城市自身的绿色全要素生产率、绿色技术效率、绿色技术进步产生变动，进而对本城市的绿色全要素生产率、绿色技术效率、绿色技术进步水平产生影响。下面逐一分析空间溢出视角下，旅游业对旅游目的地城市绿色全要素生产率、绿色技术效率、绿色技术进步的影响。

5.2.3.1 旅游业对绿色全要素生产率的空间溢出效应

在地理距离空间权重矩阵下，旅游业对绿色全要素生产率的直接效应估计为 0.0403，且通过 0.01 水平的显著性检验，表明旅游业的发展能够显著促进目的地城市自身的绿色全要素生产率提升。但是，旅游业对绿色全要素生产率的间接效应估计为 0.0771，未通过显著性检验，意味着旅游业的发展对邻近区域绿色全要素生产率存在正向的溢出作用，而这种溢出作用微弱并不显著。旅游业发展对绿色全要素生产率的总效应估计为 0.1174，且在 0.01 水平上显著，说明旅游业发展对绿色全要素生产率的促进作用主要通过直接效应体现，而非通过空间溢出效应体现。这一结论使第 4 章的研究得到了推进。考虑结果的稳健性，在经济距离空间权重矩阵下，旅游业发展对绿色全要素生产率的直接效应估计为 0.0392，且通过 0.01 水平的显著性检验。而旅游业发展对绿色全要素生产率的间接效应估计为 0.0436，但未通过显著性检验，得到了与地理距离空间权重矩阵类似的结论，证明了估计结果具备稳健性。

5.2.3.2 旅游业对绿色技术效率的空间溢出效应

在地理距离空间权重矩阵下，旅游业发展对绿色技术效率的直接效应估计为 0.0195，且通过 0.01 水平显著性检验，表明旅游业的发展能够显著推动目的地城市自身的绿色技术效率提升。但是旅游业发展对绿色技术效率的间接效应估计为 0.0604，通过 0.1 水平的显著性检验，意味着旅游业的发展可以对邻近区域绿色技术效率提升形成较显著的正向溢出作用。旅游业发展对绿色技术效率的总效应估计为 0.0799，且在 0.01 水平上显著，单从估计系数的大小，以及直接效应、间接效应与总效应的数量关系上判断，不妨下一个大胆的结论（经济距离空间权重矩阵估计结果进一步印证了这个结果），旅游业对目的地绿色技术效率的促进作用主要通过空间溢出效应体现。为了保证结果的稳健性，在经济距离空间权重矩阵下，旅游业发展对绿色技术效率的直接效应估计为 0.0185，且通过 0.01 水平显著性检验。而旅游业发展对绿色技术效率的间接效应估计为 0.0433，且通过 0.01 水平显著性检验。旅游业发展对绿色技术效率的总效应估计为 0.0618，且通过 0.01 水平显著性检验。与地理距离空间权重矩阵估计结果相似的结论，证明了估计结果具备稳健性。

5.2.3.3 旅游业对绿色技术进步的空间溢出效应

在地理距离空间权重矩阵下，旅游业发展对绿色技术进步的直接效应估计为 0.0208，且通过 0.01 水平显著性检验，表明旅游业的发展可以显著促进目的地城市自身的绿色技术进步提升。但是，旅游业发展对绿色技术进步的间接效应估计为 0.0279，未通过显著性检验，意味着旅游业的发展对邻近区域绿色技术进步存在正向的溢出作用，而这种溢出作用微弱并不显著。旅游业发展对绿色技术进步的总效应估计为 0.0487 为正但不显著，说明旅游业发展对绿色技术进步的促进作用主要通过直接效应体现。考虑结果的稳健性，在经济距离空间权重矩阵下，旅游业发展对绿色技术进步的直接效应估计为 0.0206，且通过 0.01 水平的显著性检验。而旅游业发展对绿色技术进步的间接效应估计为 0.0035，但未通过显著性检验。旅游业发展对绿色技术效率的总效应估计为 0.0241，为正但不显著。得到了与地理距离空间权重矩阵类似的结论，证明了估计结果具备稳健性。

表 5–7　空间溢出效应偏微分估计结果（地理距离空间权重矩阵）

Tab 5–7　Spatial Spillover Point Estimation Results（Geographic Distance Spatial Weight Matrix）

Variable	GTFP			GEC			GTC		
	直接效益	间接效应	总效应	直接效益	间接效应	总效应	直接效益	间接效应	总效应
lntour	0.0403*** （7.3218）	0.0771 （1.4818）	0.1174*** （2.2594）	0.0195*** （5.1086）	0.0604* （1.707）	0.0799*** （2.2469）	0.0208*** （6.4367）	0.0279 （0.7229）	0.0487 （1.2584）
lnecon	0.155*** （14.623）	−0.0458 （−0.6327）	0.1092 （1.519）	0.0774*** （10.8411）	−0.0053 （−0.0987）	0.0721 （1.3809）	0.0776*** （12.6644）	−0.0385 （−0.657）	0.0391 （0.6706）
lnstr	−0.0361 （−1.6369）	0.175 （0.9173）	0.1389 （0.7252）	−0.0086 （−0.5888）	−0.0609 （−0.4415）	−0.0695 （−0.5064）	−0.026** （−2.0959）	0.2824* （1.8345）	0.2564* （1.658）
lncrea	−0.0014	−0.1599***	−0.1613***	−0.012***	−0.1362***	−0.1481***	0.0108***	−0.0396	−0.0288
	（−0.2488	（−3.0533）	（−3.0711）	（−3.1381）	（−3.7414）	（−4.0617）	（3.3595）	（−0.9766）	（−0.7085）
lnopen	−0.0226*** （−6.3233）	0.0665** （2.0808）	0.0439 （1.3664）	−0.0038 （−1.4913）	0.0674*** （2.9502）	0.0636*** （2.7584）	−0.0187*** （−8.5218）	0.0017 （0.0663）	−0.017 （−0.6409）
lnenvi	0.0163 （1.5790）	0.0992 （1.1347）	0.1156 （1.3284）	−0.0015 （−0.2053）	0.0685 （1.1187）	0.067 （1.1021）	0.0179*** （2.7762）	0.0388 （0.576）	0.0567 （0.8354）
lngov	0.0656*** （4.9594）	0.0968 （0.8313）	0.1624 （1.3973）	0.0436*** （4.6002）	0.0348 （0.4183）	0.0784 （0.9484）	0.0226*** （2.9091）	0.0773 （0.8317）	0.0999 （1.0687）

注：括号内为 T 值，均为时空双固定结果；***、**、* 分别表示 0.01、0.05、0.1 的显著性水平；Matlab 计算结果。

表 5-8　空间溢出效应偏微分估计结果（经济距离空间权重矩阵）

Tab 5-8　Spatial Spillover Point Estimation Results（Economic Distance Spatial Weight Matrix）

Variable	GTFP			GEC			GTC		
	直接效益	间接效应	总效应	直接效益	间接效应	总效应	直接效益	间接效应	总效应
lntour	0.0392*** （7.3889）	0.0436 （1.4469）	0.0828*** （2.7271）	0.0185*** （4.7891）	0.0433** （2.1588）	0.0618*** （3.0882）	0.0206*** （6.2685）	0.0035 （0.1397）	0.0241 （0.9697）
lnecon	0.1529*** （15.1549）	−0.0363 （−0.5075）	0.1166* （1.6384）	0.0765*** （10.3859）	−0.0439 （−0.9317）	0.0327 （0.6987）	0.0769*** （12.5437）	0.03 （0.4884）	0.1069* （1.7415）
lnstr	−0.0394* （−1.8826）	0.0589 （0.4434）	0.0195 （0.1472）	−0.0104 （−0.6938）	−0.0799 （−0.9752）	−0.0904 （−1.1047）	−0.0274** （−2.1775）	0.1924* （1.7877）	0.165 （1.5184）
lncrea	0.0005 （0.0862）	−0.1036*** （−3.1776）	−0.1031*** （−3.1546）	−0.0108*** （−2.7858）	−0.0916*** （−4.4161）	−0.1025*** （−4.9415）	0.0112*** （3.434）	−0.0178 （−0.6655）	−0.0066 （−0.2458）
lnopen	−0.0235*** （−6.8105）	0.0164 （0.7975）	−0.0071 （−0.3487）	−0.0045* （−1.7339）	0.017 （1.2847）	0.0125 （0.948）	−0.0189*** （−9.1397）	−0.0041 （−0.2427）	−0.023 （−1.3444）
lnenvi	0.0171 （1.5902）	0.1104* （1.6437）	0.1275** （1.8708）	−0.0011 （−0.151）	0.0782* （1.8417）	0.0771* （1.8144）	0.0178*** （2.9233）	0.04 （0.7362）	0.0578 （1.0609）
lngov	0.0637*** （4.9404）	−0.0456 （−0.5487）	0.0181 （0.2189）	0.0423*** （4.6042）	−0.0536 （−1.0088）	−0.0113 （−0.2125）	0.0215*** （2.7018）	0.0192 （0.278）	0.0408 （0.5871）

注：括号内为 T 值，均为时空双固定结果；***、**、* 分别表示 0.01、0.05、0.1 的显著性水平；Matlab 计算结果。

5.3 本章主要结论

本章基于空间视角，在对旅游业发展和城市绿色全要素生产率进行全局空间自相关、局部空间自相关检验的基础上，构建空间计量模型并运用相关检验进行旅游业发展对城市绿色全要素生产率、绿色技术效率、绿色技术进步的空间关联种类的识别，并选取了最终的待估模型，最后估计了旅游业绿色发展效应的空间溢出特征。通过上述分析，形成了以下三个方面的结论：

第一，变量空间自相关检验结果。首先，旅游业发展、绿色全要素生产率、绿色技术效率、绿色技术进步在地理距离空间权重矩阵和经济距离空间权重矩阵下均呈现显著的空间正相关，空间自相关程度上旅游业发展高于绿色全要素生产率、绿色技术效率、绿色技术进步。其次，基于地理距离空间权重矩阵的旅游业发展局部空间自相关分析发现，旅游业发展在局部空间上以 H-H 集聚和 L-L 集聚为主，H-H 集聚区主要位于东南沿海长三角、海峡西岸地区的江苏、上海、浙江、福建、广东、安徽等省份以及环渤海城市群辽宁、山东等省份。成渝城市群个别城市在 2016 年由不显著区域演化为 H-H 集聚区域。L-L 集聚区主要位于中国西北部陕西、青海、甘肃等省份，以及东北部黑龙江、吉林等省份。

第二，面板空间杜宾模型点估计的旅游业绿色发展效应空间溢出结果。相关检验表明旅游业发展与绿色全要素生产率、绿色技术效率、绿色技术进步的空间关联以误差项和滞后项两种形式存在，并支持构建面板空间杜宾模型作为估计模型。经济空间权重矩阵下，旅游业发展均能促进本地城市绿色全要素生产率、绿色技术效率、绿色技术进步的增长（*lntour* 估计系数分别为 0.0397、0.0188、0.0209，且均在 0.01 水平显著），地理空间权重矩阵估计结果类似，支持了第 4 章相应结论。经济空间权重矩阵下，旅游业发展对绿色全要素生产率和绿色技术效率产生正向空间溢出效应，即能促进邻近城市绿色全要素生产率和绿色技术效率提升（*W*lntour* 估计系数分别为 0.1167、

0.1016 且均在 0.05 水平显著），地理空间权重矩阵估计结果类似。两类空间权重矩阵下，估计均显示旅游业发展对邻近城市绿色技术进步具有正向推动作用，但空间溢出效应并不显著。

第三，偏微分估计的旅游业绿色发展效应空间溢出结果。首先，旅游业对绿色全要素生产率存在正向空间溢出但并不显著（经济和地理距离空间权重矩阵下，*lntour* 间接效应估计系数分别为 0.0436、0.0771 但均不显著）。旅游业对城市绿色全要素生产率的促进主要通过直接效应而非空间溢出效应体现。旅游业对绿色技术效率具有显著正向空间溢出效应（经济和地理距离空间权重矩阵下，*lntour* 间接效应估计系数分别为 0.0433 且 0.05 水平显著、0.0604 且 0.1 水平显著），并且其对绿色技术效率的促进作用主要通过空间溢出效应体现而非直接效应。旅游业对绿色技术进步也存在正向空间溢出但并不显著（经济和地理距离空间权重矩阵下，*lntour* 间接效应估计系数分别为 0.0035、0.0279 但均不显著）。考虑空间因素后，对旅游目的地而言，旅游业绿色发展效应仍然表现为同时提升绿色技术效率和绿色技术进步的“双轮驱动”特征（对绿色技术效率在经济和地理距离空间权重矩阵下，*lntour* 直接效应估计系数分别为 0.0185、0.0195 且均在 0.01 水平显著；对绿色技术进步在经济和地理距离空间权重矩阵下，*lntour* 直接效应估计系数分别为 0.0206、0.0208 且均在 0.01 水平显著）。而对于旅游目的地邻近城市而言，旅游业绿色发展效应则表现为促进绿色技术效率的“单轮驱动”特征。

第6章

中国旅游业绿色发展效应：非线性视角

第4章中关于旅游业绿色发展效应非线性特征的机理分析表明，旅游业对城市绿色全要素生产率影响机制的复杂性和动态性，以及旅游目的地的异质性是产生非线性效应的两个主要原因。因此本章将继经典线性假设条件下证实中国旅游业存在绿色发展效应的基础上，将研究视角拓展到非线性领域，以揭示旅游业促进绿色城市绿色全要素生产率的动态过程。具体而言，本章做如下安排。首先，选择面板平滑转换回归作为揭示旅游业绿色发展效应非线性特征的研究方法，并构建相应模型。其次，分别探讨旅游业对绿色全要素生产率，及其分解项绿色技术效率、绿色技术效率的平滑转换机制。最后，利用面板门槛模型检验所得非线性结果的稳健性，同时将研究话题做扩展，在旅游业发展质量视角下讨论旅游业绿色发展效应的平滑转换效应。

6.1 变量选取与非线性模型构建

6.1.1 研究方法

面板平滑转换回归（PSTR）模型是由 Andrés González[28] 等人根据 Hansen[27] 提出的面板门槛模型的进一步拓展，也可以说 PSTR 模型是面板门槛模型的一般形式。在通过非线性检验的前提下，利用 PSTR 模型估计旅游业对旅游目的地城市绿色全要素生产率的影响效应，将有效弥补因线性模型忽视非线性因素所导致的对旅游业绿色发展效应的动态连续时变转换机制考察的缺失。包含两个机制的基本 PSTR 模型如下所示：

$$y_{i,t}=\mu_i+\beta_0 x_{i,t}+\beta_0' x_{i,t}\, g(q_{i,t};\gamma,c)+u_{i,t}$$

$$g(q_{i,t};\gamma,c)=(1+exp(-\gamma\prod_{j=1}^{m}(q_{i,t}-c_j)))^{-1}$$

式中：$y_{i,t}$ 为被解释变量，$x_{i,t}$ 为解释变量向量，$u_{i,t}$ 为误差项。转换函数 $g(q_{i,t};\gamma,c)$ 是一个 Logistic 函数，该函数是关于转换变量 $q_{i,t}$ 且值域介于 0 和 1 之间的连续平滑的有界函数。转换函数中的 $q_{i,t}$ 为转换变量，斜率参数 γ 决定转换函数的转换速度，$c=(c_1, c_2, ...c_m)$ 为位置参数，决定转换函数的转换发生阈值。当 m=1 时，$x_{i,t}$ 的系数随着转换变量 $q_{i,t}$ 的增加在 β_0 和 $\beta_0+\beta_0'$ 之间单调变换，从而描述了从一种区制到另一种区制的平滑转换过程。当 m=2 时，该模型就成了三区制的平滑面板转换模型，转换函数关于 $(c_1+c_2)/2$ 对称，并取得最小值，处于中间区制状态，当 $q_{i,t}$ 较低或较高时，处于两个相同的外区制状态。

6.1.2 变量选取

6.1.2.1 被解释变量

为保持本书前后的一致性，本部分仍然用旅游目的地城市的绿色全要素生产率（*lnGTFP*）、绿色技术效率（*lnGEC*）、绿色技术进步（*lnGTC*）的自然对数作为被解释变量，探讨旅游业对城市绿色全要素生产率影响及其作用路径的平滑转换效应。

6.1.2.2 核心解释变量及转换变量

核心解释变量仍然为旅游业发展（*lntour*），采用旅游总收入的对数衡量。正如第 4 章机理分析所阐释的，城市异质性可能是旅游业对城市绿色全要素生产率、绿色技术效率、绿色技术进步影响产生非线性效应的一个原因。对于面板平滑转换模型的构建，本书选择从城市经济异质性的视角出发，即用城市经济发展水平（*lnecon*）作为转换变量，采用人均 GDP 的自然对数衡量，以揭示随着城市经济发展阶段的演变，旅游业对城市绿色全要素生产率、绿色技术效率、绿色技术进步的影响是否存在非线性。换言之，即探讨旅游业对城市绿色发展的作用效应与目的地城市经济发展演变的适配关系。

6.1.2.3 控制变量

同样，为保持研究前后的一致性和可比性，控制变量及其代理变量与第 4 章、第 5 章保持一致。具体包括，经济发展水平（*lnecon*）、产业结构（*lnstr*）、创新能力（*lncrea*）、对外开放水平（*lnopen*）、环境规制水平（*lnenvi*）、政府干预程度（*lngov*）。

6.1.3 面板平滑转换模型构建

根据上述变量选择结果，以及面板平滑转换回归模型的形式，最终形成以下三个模型参与实证计量：

第一，考察旅游业对城市绿色全要素生产率的平滑转换效应，构建模型 1：

$$\begin{aligned} lnGTFP_{i,t} = {} & \mu_i + \beta_{GTFP1}\, lntour_{i,t} + \beta_{GTFP2}\, lnecon_{i,t} + \beta_{GTFP3}\, lnstr_{i,t} + \beta_{GTFP4}\, lncrea_{i,t} \\ & + \beta_{GTFP5}\, lnopen_{i,t} + \beta_{GTFP6}\, lnenvi_{i,t} + \beta_{GTFP7}\, lngov_{i,t} + (\beta'_{GTFP1}\, lntour_{i,t} \\ & + \beta'_{GTFP2}\, lnecon_{i,t} + \beta'_{GTFP3}\, lnstr_{i,t} + \beta'_{GTFP4}\, lncrea_{i,t} + \beta_{GTFP5}'\, lnopen_{i,t} \\ & + \beta'_{GTFP6}\, lnenvi_{i,t} + \beta'_{GTFP7}\, lngov_{i,t})\, g\,(lnecon_{i,t}; \gamma, \mathrm{c}) + u_{i,t} \end{aligned}$$

第二，考察旅游业对城市绿色技术效率的平滑转换效应，构建模型 2：

$$\begin{aligned} lnGEC_{i,t} = {} & \mu_i + \beta_{GEC1}\, lntour_{i,t} + \beta_{GEC2}\, lnecon_{i,t} + \beta_{GEC3}\, lnstr_{i,t} + \beta_{GEC4}\, lncrea_{i,t} \\ & + \beta_{GEC5}\, lnopen_{i,t} + \beta_{GEC6}\, lnenvi_{i,t} + \beta_{GEC7}\, lngov_{i,t} + (\beta'_{GEC1}\, lntour_{i,t} \\ & + \beta'_{GEC2}\, lnecon_{i,t} + \beta'_{GEC3}\, lnstr_{i,t} + \beta'_{GEC4}\, lncrea_{i,t} + \beta'_{GEC5}\, lnopen_{i,t} \\ & + \beta'_{GEC6}\, lnenvi_{i,t} + \beta'_{GEC7}\, lngov_{i,t})\, g\,(lnecon_{i,t}; \gamma, \mathrm{c}) + u_{i,t} \end{aligned}$$

第三，考察旅游业对城市绿色技术进步的平滑转换效应，构建模型 3：

$$
\begin{aligned}
lnGTC_{i,t} = &\mu_i + \beta_{GTC1}\, lntour_{i,t} + \beta_{GTC0}\, lnecon_{i,t} + \beta_{GTC3}\, lnstr_{i,t} + \beta_{GTC4}\, lncrea_{i,t} \\
&+ \beta_{GTC5}\, lnopen_{i,t} + \beta_{GTC6}\, lnenvi_{i,t} + \beta_{GTC7}\, lngov_{i,t} + (\beta'_{GTC1}\, lntour_{i,t} \\
&+ \beta'_{GTC2}\, lnecon_{i,t} + \beta'_{GTC3}\, lnstr_{i,t} + \beta'_{GTC4}\, lncrea_{i,t} + \beta'_{GTC5}\, lnopen_{i,t} \\
&+ \beta'_{GTC6}\, lnenvi_{i,t} + \beta'_{GTC7}\, lngov_{i,t})\, g\,(lnecon_{i,t}; \gamma, \mathrm{c}) + u_{i,t}
\end{aligned}
$$

其中 β_1、β_2、β_3、β_4、β_5、β_6、β_7 为各解释变量线性部分估计系数，β'_1、β'_2、β'_3、β'_4、β'_5、β'_6、β'_7 为各变量非线性部分估计系数，各解释变量对因变量的影响由线性与非线性部分共同决定，$g\,(lnecon_{i,t}; \gamma, \mathrm{c})$ 为转换函数，$u_{i,t}$ 为残差项。

6.2 旅游业绿色发展效应的平滑转换机制

利用构建的上述面板平滑转换模型，从实证角度估计旅游业对城市绿色全要素生产率的平滑转换效应。面板平滑转换模型的建模过程主要涉及非线性检验、模型估计、稳健性检验三个阶段，本书使用 R 语言中的 PSTR 程序包①实现建模[192]。

6.2.1 面板平滑转换模型估计前测

面板平滑转换模型主要考察旅游业与城市绿色全要素生产率之间是否存在非线性转换效应，因此需要对上述模型 1、模型 2、模型 3 进行非线性检验，以确定使用 PSTR 模型的必要性。由于模型包含未识别的参数 γ 和 c，故而无法对模型进行传统的非线性检验。为了检验截面异质性，González 等人建议遵循 Luukkonen 等人[193]的做法，考虑设置同质性零假设 H_0：$\gamma=0$，并在 $\gamma=0$ 处用转换函数一阶泰勒展开式替代。然后，通过分别估计辅助回归方程和线性固定效应模型，并根据两个模型残差平方和进而构造统计量进行检验，利用服从 χ^2 分布的 LM 检验统计量和服从 F 分布的 LM_F 检验统计量进行检验：

① 下载地址：https://CRAN.R-project.org/package=PSTR。

$$LM=\frac{TN(SSR_0-SSR_1)}{SSR_0}\sim\chi^2_{mk}$$

$$LM_F=\left[\frac{(SSR_0-SSR_1)}{mk}\right]\Big/\left[\frac{SSR_0}{TN-N-mk}\right]\sim F(mk,TN-N-mk)$$

式中 T 为时间长度，N 为截面个数，k 为外生变量个数，SSR_0 和 SSR_1 分别为接受和拒绝原假设的残差平方和。

首先，利用上述方法，依次分别对模型 1、模型 2、模型 3，在位置参数个数 m=1、m=2 以及 m=3 的情形下，进行非线性检验，结果见表 6-1。

表 6-1 模型非线性检验结果

Tab 6-1 Result of Model Nonlinear Test

		LM		LM_F		HAC		HAC_F	
		统计量	P 值	统计量	P 值	统计量	P 值	统计量	P 值
模型 1	m=1	503.80***	0.0000	65.67***	0.0000	54.15***	0.0000	7.06***	0.0000
	m=2	113.60***	0.0000	14.78***	0.0000	16.27**	0.0230	2.12**	0.0390
	m=3	126.20***	0.0000	16.38***	0.0000	21.64***	0.0030	2.81***	0.0060
模型 2	m=1	185.90***	0.0000	24.23***	0.0000	32.31***	0.0000	4.21***	0.0000
	m=2	66.11***	0.0000	8.60***	0.0000	10.43	0.1660	1.36	0.2190
	m=3	111.50***	0.0000	14.47***	0.0000	19.09***	0.0080	2.48**	0.0160
模型 3	m=1	635.30***	0.0000	82.82***	0.0000	50.30***	0.0000	6.56***	0.0000
	m=2	148.70***	0.0000	19.34***	0.0000	19.69***	0.0060	2.56**	0.0120
	m=3	43.13***	0.0000	5.60***	0.0000	11.58	0.1150	1.50	0.1620

注：R 软件同时反馈的 HAC 和 HACF 分别为 LM 和 LM_F 的稳健统计量；***、**、* 分别表示 0.01、0.05、0.1 的显著性水平。

结果表明，对于模型 1，m=1 时 LM、LM_F 统计量及其稳健形式均在 0.01 的显著性水平上拒绝线性的原假设，m=2 时 HAC、HAC_F 统计量则在 0.05 水平上拒绝原假设，m＝3 时 LM、LM_F 统计量及其稳健形式均在 0.01 的显著性水平上拒绝线性的原假设，但显著性 P 值大于 m＝1 时。对于模型 2，m＝1 时 LM、LM_F 统计量及其稳健形式均在 0.01 的显著性水平上拒绝线性的原假设，m＝2 时 HAC、HAC_F 统计量未能拒绝原假设，m＝3 时 HAC_F 统计量则在 0.05 水平上拒绝原假设。对于模型 3，m＝1 时 LM、LM_F 统计量及其稳健形式均在 0.01 的显著性水平上拒绝线性的原假设，m＝2 时 HAC_F 则在 0.05 水平上拒绝原假设，m＝3 时 HAC、HAC_F 统计量均未能拒绝原假设。上述检验结果首先表明，至少在位置参数为 1 的情形下，旅游业对绿色全要素生产率、绿色技术效率、绿色技术进步均存在以经济水平为转换变量的非线性转换效应，说明使用 PSTR 模型进行参数估计是有必要的，将减小线性模型估计带来的偏误。进一步地，本书根据 González 的观点，选择原假设被拒绝得更强烈的情形下的 m 值作为位置参数的个数，故将模型 1、模型 2、模型 3 位置参数的个数均选择为 1，即 m＝1。

其次，各变量的单位根检验已在前面章节中进行。结果显示各变量不存在单位根，可以直接进行回归估计。

6.2.2 面板平滑转换模型估计结果

本书采用非线性最小二乘法（NLS）对面板平滑转换模型参数施以估计[194]，转换函数的斜率系数 γ 和位置参数 c 采用网格搜索法得到。其中面板平滑转换回归模型的估计结果包括未发生平滑转换效应的初始状态线性部分（Linear）、发生平滑转换效应的非线性变化部分（Nonlinear），以及示性函数取值为 1 时，即线性与非线性叠加的最终状态（Linear+Nonlinear）三个部分。为了对比非线性估计结果与线性估计结果，本书同时报告了稳健形式的面板固定效应模型估计结果作为比照。三个模型估计结果见表 6-2。

表 6-2　PSTR 模型估计结果

Tab 6-2　PSTR Model Estimation Results

	模型 1				模型 2				模型 3			
	PSTR			FE	PSTR			FE	PSTR			FE
	Linear	Nonlinear	Linear+ Nonlinear		Linear	Nonlinear	Linear+ Nonlinear		Linear	Nonlinear	Linear+ Nonlinear	
lntour	0.0264* （0.014）	0.0259** （0.0125）	0.0523*** （0.0148）	0.0282** （0.0137）	0.0150 （0.0106）	0.0133* （0.0076）	0.0282*** （0.0091）	0.0206** （0.0094）	0.0093 （0.0058）	0.0185** （0.0087）	0.0279*** （0.0089）	0.0076 （0.0062）
lnecon	0.0795*** （0.0274）	−0.2201*** （0.0534）	0.137*** （0.0287）	0.136*** （0.0238）	0.0089 （0.0227）	−0.0684* （0.0354）	0.037* （0.020）	0.0461*** （0.0164）	0.0682*** （0.014）	−0.169*** （0.0289）	0.0935*** （0.0183）	0.0899*** （0.0129）
lnstr	0.0054 （0.0501）	−0.0401** （0.0191）	−0.2147*** （0.0505）	−0.1954*** （0.0484）	0.0588 （0.0386）	−0.0227 （0.0163）	−0.0095 （0.0341）	−0.0365 （0.0311）	−0.0486** （0.0223）	−0.0297*** （0.0116）	−0.2176*** （0.0305）	−0.1589*** （0.0263）
lncrea	−0.0001 （0.0055）	0.018* （0.0097）	0.0179** （0.0076）	0.0087* （0.0047）	−0.0052 （0.0047）	0.0049 （0.0072）	−0.0003 （0.0046）	−0.0033 （0.0031）	0.0047** （0.0023）	0.018*** （0.0064）	0.0227*** （0.0062）	0.012*** （0.0029）
lnopen	−0.0062 （0.006）	−0.0041 （0.0083）	−0.0103* （0.0058）	−0.01** （0.0045）	−0.0069 （0.0045）	0.0065 （0.0058）	−0.0004 （0.0037）	−0.0045 （0.003）	0.0001 （0.0031）	−0.0159*** （0.005）	−0.0158*** （0.004）	−0.0055** （0.0026）
lnenvi	0.005 （0.0136）	0.0575** （0.0233）	−0.0351** （0.0167）	−0.0175 （0.0117）	0.0049 （0.0116）	0.0281 （0.0188）	−0.0178 （0.0143）	−0.0091 （0.0094）	0.0036 （0.0055）	0.0253 （0.0157）	−0.0261** （0.0108）	−0.0084 （0.0053）
lngov	0.001 （0.0186）	0.0386 （0.0311）	0.0396 （0.0308）	−0.0151 （0.0191）	−0.0188 （0.015）	0.048** （0.0227）	0.0292 （0.0219）	−0.0184 （0.0138）	0.0178* （0.0099）	−0.0151 （0.0184）	0.0027 （0.0184）	0.0033 （0.0109）
γ	7.4434** （3.7569）			– –	8.7968 （7.4377）			– –	6.0901*** （1.8643）			– –
c	10.383*** （0.085476）			– –	10.185*** （0.099936）			– –	10.616*** （0.077207）			– –

注：括号中为标准误；***、**、* 分别表示 0.01、0.05、0.1 的显著性水平。

显然上述结果报表只能展现非线性的端点状态，因此，除了上述报表，为了更为清晰地展现平滑转换机制的非线性变化过程细节，本书还进一步绘制了三个模型的转换函数图像，以及核心解释变量旅游业发展估计系数的非线性转换图像，结果见图 6-1、图 6-2、图 6-3。其中的转换函数图像，展现了转换函数取值随着转变变量经济发展水平的变化而在值域［0, 1］之间平滑转化的过程，同时，也绘制出平滑转换过程中样本的分布。而核心解释变量估计系数的非线性转换图像则由三个子图像组成，分别是估计系数图像、标准误图像、显著性 P 值图像，以此可以全面地展现出旅游业对旅游目的地城市绿色全要素生产率、绿色技术效率、绿色技术进步的非线性影响过程的所有细节。

本书下面将利用上述得到的面板平滑转换模型的估计结果和图像，具体分析旅游业对绿色全要素生产率的平滑转换效应、旅游业对绿色技术效率的平滑转换效应、旅游业对绿色技术进步的平滑转换效应。

6.2.3 旅游业绿色发展效应的非线性特征

6.2.3.1 旅游业对绿色全要素生产率的平滑转换效应

根据模型 1 的 PSTR 模型估计结果、转换函数图像以及旅游业发展系数转换图像，本书发现，旅游业发展线性部分的估计系数 β_{GTFP1} 为 0.0264，在 0.1 显著性水平上显著，非线性部分 $lntour_{i,t}\,g(lnecon;\,\gamma,\,c)$ 的估计系数 β'_{GTFP1} 为 0.0259，且在 0.05 显著性水平上显著，表明随着转换变量经济发展水平的增长，旅游业对城市绿色全要素生产率的影响具有显著的动态性和非线性。具体而言，当转换函数 $g(lnecon;\,\gamma,\,c)=0$ 时，旅游业对城市绿色全要素生产率的影响效应为 0.0264，此时，模型处于低机制。当转换变量经济发展水平处于通过 0.01 显著性水平的位置参数 c 值 10.383（对应经过平减处理的人均 GDP 约为 32305 元）时，$g(lntour_{i,t};\,\gamma,\,c)=0.5$，旅游业对绿色全要素生产率的影响效应为 0.03935 $(\beta_{GTFP1}+0.5\times\beta'_{GTFP1})$，模型处于低高机制的中间状态。当 $g(lnecon_{i,t};\,\gamma,\,c)=1$ 时，旅游业对城市绿色全要素生产率的影响效应为 0.0523

$(\beta_{GTFP1}+\beta'_{GTFP1})$，且在 0.01 显著性水平显著，模型处于高机制。旅游业对城市绿色全要素生产率的影响效应在低机制与高机制之间，以位置参数 $c=11.5588$ 为中心，以 $\gamma=7.4434$ 较快的转换速率，在［0.0264, 0.0523］之间平滑转换。这表明旅游业始终能够显著促进城市绿色全要素生产率的提升，体现了旅游业的绿色发展效应。同时，由于城市经济异质性的存在，随着城市经济发展水平的提高，旅游业对城市绿色全要素生产率的提升促进作用进一步增强。之所以具有上述趋势，本书认为主要是旅游业对绿色全要素生产率的间接作用根据城市经济异质性不同，具有明显差异。城市经济越发达，旅游业越能够发挥其综合带动能力，形成更强的融合效应、倒逼效应、优化效应，强化其在产业关联融合、产业结构替代、发展环境优化、对外开放扩大等渠道中对城市绿色全要素生产率的促进作用。换言之，城市经济发展水平是旅游业绿色发展效应的“放大器”。

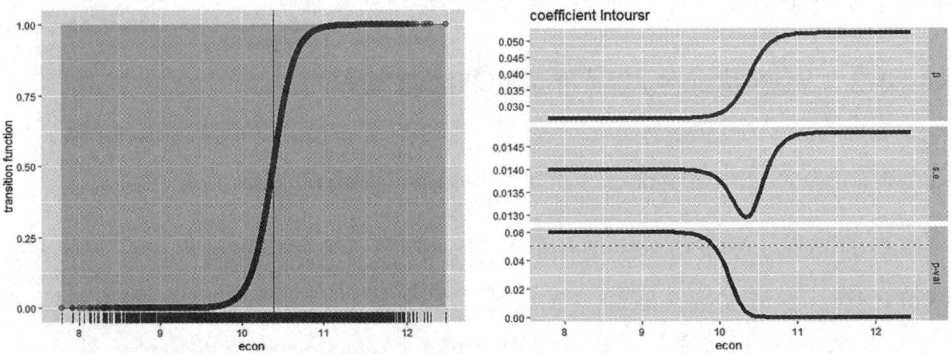

图 6–1　旅游业对绿色全要素生产率的平滑转换效应

Fig 6–1　The Smooth Transition Effect of Tourism Industry on GTFP

6.2.3.2 旅游业对绿色技术效率的平滑转换效应

模型 2 的 PSTR 模型估计结果、转换函数图像以及旅游业发展系数转换图像显示，模型 2 中旅游业发展线性部分的估计系数 β_{GEC1} 为 0.0150，未通过 0.1 显著性水平，说明当旅游目的地经济发展水平处于较低状态时，发展旅游业并不能显著地促进城市绿色技术效率的提升。而 $lntour_{i,t}\,g(lnecon;\gamma,c)$ 的估计系数 β'_{GEC1} 为 0.0133，且在 0.1 显著性水平上显著，表现出旅游业对绿色技术效率的影响具有一定非线性特征。体现了随着旅游目的地城市经济发展水平的提高，旅游业对绿色技术效率的促进作用得到强化。当转换函数 $g(lnecon_{i,t};\gamma,c)=0$ 时，旅游业对城市纯技术效率的影响效应为 0.0150，旅游业对绿色技术效率正向推动效应并不显著，模型处于低机制。当 $g(lnecon_{i,t};\gamma,c)=1$ 时，旅游业对绿色技术效率的影响效应为 0.0282 $(\beta_{GEC1}+\beta'_{GEC1})$，旅游业对绿色技术效率的正向影响效应进一步增强，模型处于高机制。旅游业对绿色技术效率的影响以通过 0.01 显著性水平的位置参数 c 值 10.185（对应经过平减处理的人均 GDP 约为 26502 元）为中心，以 $\gamma=8.7968$ 更快的转换速率，迅速在［0.0150，0.0282］之间，完成由低机制到高机制的平滑转换。鉴于位置参数 c 的取值所对应的经济发展水平真实值较小，处于低机制的样本数量也较少，因此更普遍的情况是，一旦旅游目的地城市经济发展水平越过一个不高的阈值（平减处理的人均 GDP 约为 24343 元），旅游业对绿色技术效率的促进作用就会得到快速强化且显著。随着中国经济发展水平整体提升和全面建成小康社会的到来，贫困地区将不断缩减，未来低于上述阈值的旅游目的地将越来越少，这意味着旅游业对绿色技术效率的提振作用将在未来得到充分释放。

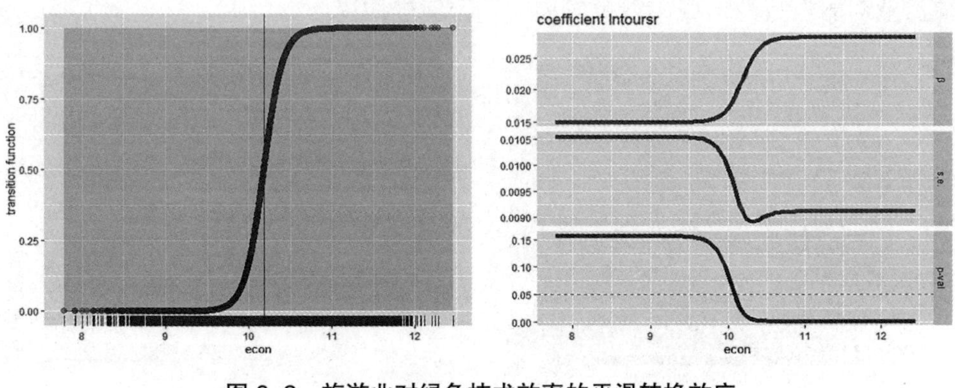

图 6–2　旅游业对绿色技术效率的平滑转换效应

Fig 6–2　The Smooth Transition Effect of Tourism Industry on GEC

6.2.3.3 旅游业对绿色技术进步的平滑转换效应

根据模型 3 的 PSTR 模型估计结果、转换函数图像以及旅游业发展系数转换图像，发现旅游业对城市绿色技术进步的影响非线性特征与模型 1、模型 2 类似。模型 3 中，旅游业发展线性部分的估计系数 β_{GTC1} 为 0.0093，未通过 0.1 显著性水平，说明当旅游目的地经济发展阶段处于较低水平时，发展旅游业并不能显著地促进城市绿色技术进步，这与模型 2 中旅游业与绿色技术效率的关系基本一致。非线性部分 $lntour_{i,t}\,g(lnecon;\gamma,c)$ 的估计系数 β'_{GTC1} 为 0.0185，且通过 0.05 显著性水平，表明随着城市经济水平的提升，旅游业对城市绿色技术进步的正向影响会得到强化，而且其估计系数的显著性水平也在上升。具体以位置参数 c 值 10.616（对应经过平减处理的人均 GDP 约为 40782 元）为中心，以 $\gamma=6.0901$ 相对较慢的转换速率，发生平滑转换，其正向效应的区间为［0.0093, 0.0279］。相比模型 2 而言，旅游业对绿色技术进步影响效应变为显著的城市经济发展水平阈值（平减处理的人均 GDP 约为 28282 元）要高。这意味着，发挥旅游业对绿色技术进步更加显著的正向推动作用其门槛条件比对绿色技术效率更为严格。绿色技术进步意味着旅游业激发了基于产业融合的新业态等创新行为，并且通过发展旅游获得了对外开放效应，引入先进技术推动了旅游目的地城市生产前沿面的外推，更加凸显了旅游业对旅游目的地城市绿色发展的综合促进作用。

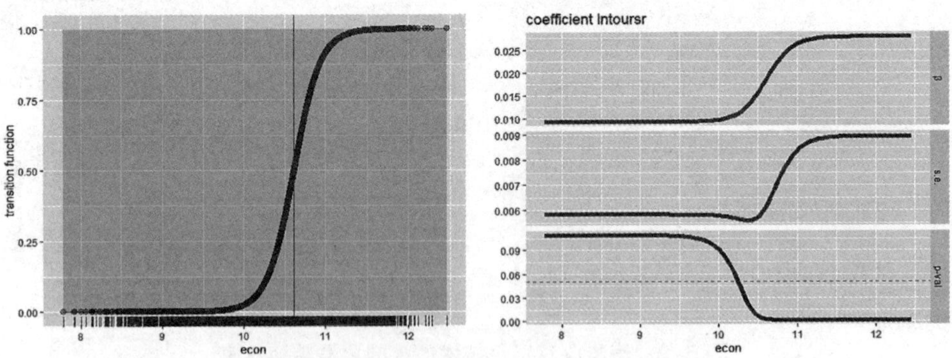

图 6-3 旅游业对绿色技术进步的平滑转换效应

Fig 6–3 The Smooth Transition Effect of Tourism Industry on GTC

6.3 稳健性检验

前文 6.2 的面板平滑转换模型估计结果已经证实了旅游业对绿色全要素生产率、绿色技术效率、绿色技术进步影响效应的非线性特征，为了确认结果的稳健性，本书在本部分设计实施了两种稳健性检验方案。其一，由于面板平滑转换回归模型是揭示非线性的成熟手段，也是面板门槛模型的一般形式。因此，可以利用面板门槛模型进行估计，通过比较旅游业对相应被解释变量的门槛特征与平滑转换趋势是否一致来检验 6.2 中的估计结果是否稳健。其二，采取替换核心解释变量的方式进行稳健性检验，即利用旅游人均消费表征的旅游业发展质量替换原先的旅游业变量，同时也作为本书话题的一个拓展。

6.3.1 稳健性检验Ⅰ：基于面板门槛模型

6.3.1.1 面板门槛模型方法

本部分主要利用 Hansen 于 1999 年提出的面板门槛估计方法。面板门槛模型估计首先需要对是否存在门槛效应进行判断，其次还要对门槛估计量是否等于真实值进行检验。对于单一门槛而言，其模型设定如下：

$$y_{i,t}=\mu_i+\delta X_{it}+\beta_1 d_{it}\cdot I(T_{it}\leqslant\gamma)+\beta_2 d_{it}\cdot I(T_{it}>\gamma)+\varepsilon_{it}$$

其原假设为 $H_0:\beta_1=\beta_2$，即上述模型不存在以 T_{it} 为门槛变量的非线性关系，而仅有线性关系，拒绝原假设则存在门槛效应。检验统计量为 $F_1=\dfrac{S_0-S_1(\hat{\gamma})}{\sigma^2}$，其中 $\hat{\gamma}$ 代表门槛变量，S_0 为在原假设 H_0 下获得的残差平方和，Hansen 建议使用 Bootstrap 自抽样法获得 F 分布从而得到有效的其基于似然比检验的 P 值，当 $P\leqslant\alpha$ 时拒绝原假设，存在一个门槛值，α 为显著性水平。而针对门槛估计量的检验，原假设为 $H_0:\hat{\gamma}=\gamma_0$，相应的似然比检验统

计量为 $LR_0(\gamma)=\dfrac{S_0(\gamma)-S_1(\hat{\gamma})}{\hat{\sigma}^2}$，其中 $S_1(\gamma)$、$S_1(\hat{\gamma})$ 分别为原假设和备择假设的残差平方和。由于该统计量是非标准正态分布的，在 α 显著性水平下，当 $LR_1(\gamma_0)\leqslant c(\alpha)=-2ln(1-\sqrt{1-\alpha})$ 时，接受原假设，门槛估计量等于其真实值。

在门槛计量实际估计中，往往会突破单一门槛限制，出现多重门槛。以双重门槛为例，门槛模型扩展为：

$$y_{i,t}=\mu_i+\delta X_{it}+\beta_1 d_{it}\cdot I(T_{it}\leqslant\gamma_1)+\beta_2 d_{it}\cdot I(\gamma_1<T_{it}\leqslant\gamma_2)+\beta_3 d_{it}\cdot I(T_{it}>\gamma_2)+\varepsilon_{it}$$

门槛估计的流程是首先固定单一门槛模型中估计出的 $\hat{\gamma}_1$ 再搜索 γ_2，得到 $S_2^r(\gamma_2)=\dfrac{S(\hat{\gamma}_1,\gamma_2),\hat{\gamma}_1<\gamma_2}{S(\gamma_2,\hat{\gamma}_1),\gamma_2<\hat{\gamma}_1}$，其中 γ_2 使得前式取得最小值，即 $\hat{\gamma}_2^r=\underset{\gamma_2}{argmin}S_2^r(\gamma_2)$。进而实现由单一门槛模型向双重门槛模型的拓展，进一步拓展到三重及以上门槛模型的原理与方法是相似的。

6.3.1.2 面板门槛模型设定

在面板模型变量设定方面：根据研究主题，第一，将被解释变量分别设置为绿色全要素生产率（*lnGTFP*）、绿色技术效率（*lnGEC*）、绿色技术进步（*lnGTC*）。第二，将依赖机制的变量设置为核心解释变量旅游业发展（*lntour*）。第三，门槛变量与面板平滑转换回归模型中转换变量保持一致，即经济发展水平（*lnecon*），以揭示城市经济异质性对旅游业绿色发展效应的影响。第四，控制变量与前文面板平滑转换回归模型中保持一致，分别为经济发展水平（*lnecon*）、产业结构（*lnstr*）、创新能力（*lncrea*）、对外开放水平（*lnopen*）、环境规制水平（*lnenvi*）、政府干预程度（*lngov*）。据此，构建以下三个面板门槛模型：

第一，考察旅游业对城市绿色全要素生产率的门槛效应，构建模型 4：

$$\begin{aligned}lnGTFP_{i,t}=&\mu_i+\beta_{GTFP1}\,lntour_{it}\cdot I(T_{it}\leqslant\gamma_1)+\beta_{GTFP2}\,lntour_{it}\cdot I(\gamma_1<T_{it}\leqslant\gamma_2)\\&+\cdots+\beta_{GTFPn}\,lntour_{it}\cdot I(\gamma_{n-1}<T_{it}\leqslant\gamma_n)+\beta_{GTFP(n+1)}\,lntour_{it}\cdot\\&I(T_{it}>\gamma_n)+\delta_{GTFP}X_{it}+\varepsilon_{it}\end{aligned}$$

第二，考察旅游业对城市绿色技术效率的门槛效应，构建模型 5：

$$
\begin{aligned}
lnGEC_{i,t}=&\mu_i+\beta_{GEC1}\,lntour_{it}\cdot I(T_{it}\leqslant\gamma_1)+\beta_{GEC2}\,lntour_{it}\cdot I(\gamma_1<\mathrm{T}_{it}\leqslant\gamma_2)+\\
&\cdots+\beta_{GECn}\,lntour_{it}\cdot I(\gamma_{(n-1)}<T_{it}\leqslant\gamma_n)+\beta_{GEC(n+1)}\,lntour_{it}\cdot\\
&I(T_{it}>\gamma_n)+\delta_{GEC}X_{it}+\varepsilon_{it}
\end{aligned}
$$

第三，考察旅游业对城市绿色技术进步的门槛效应，构建模型 6：

$$
\begin{aligned}
lnGTC_{i,t}=&\mu_i+\beta_{GTC1}\,lntour_{it}\cdot I(T_{it}\leqslant\gamma_1)+\beta_{GTC2}\,lntour_{it}\cdot I(\gamma_1<\mathrm{T}_{it}\leqslant\gamma_2)+\\
&\cdots+\beta_{GTCn}\,lntour_{it}\cdot I(\gamma_{n-1}<\mathrm{T}_{it}\leqslant\gamma_n)+\beta_{GTC(n+1)}\,lntour_{it}\cdot\\
&I(T_{it}>\gamma_n)+\delta_{GTC}X_{it}+\varepsilon_{it}
\end{aligned}
$$

其中，T_{it} 为门槛变量；γ_1、γ_2、…、γ_n 分别为 n+1 个门槛区间下的门槛估计值，β_1、β_2、…、β_{n+1} 为依赖门槛变量的解释变量在不同门槛区间下的估计系数，$I(\cdot)$ 为示性函数，当门槛变量满足条件时，则示性函数取值为 1，否则为 0。X_{it} 为不依赖门槛变量的控制变量。

6.3.1.3 面板门槛模型估计结果

1. 门槛效应检验及门槛识别

依据 Hansen 的思路，本书首先对模型 4、模型 5、模型 6 进行门槛效应检验，判断上述三个模型是否存在门槛效应，并进一步确定门槛个数。利用 Stata 软件 xthreg 命令，得到各模型在单一门槛、双重门槛、三重门槛下的门槛估计值，门槛检验 F 统计量，采用 Bootstrap 自抽样法得出门槛检验 P 值，以及 95% 显著性水平上的门槛估计值区间等门槛效应检验与门槛识别结果，结果整理于表 6–3。

结果显示：模型 4、模型 5、模型 6 均存在显著的门槛效应，但各自的门槛特征具有差异，下面分别分析三个模型的门槛特征。模型 4 存在 0.01 显著性水平上的双重门槛，双重门槛估计值分别为 10.7913、11.4286。模型 5 也存在 0.01 显著性水平上的双重门槛，双重门槛估计值分别为 10.3570、11.0219。而模型 6 存在三重门槛，但是三重门槛的门槛检验 P 值只通过 0.05 显著性水平，三重门槛估计值分别为 10.9064、11.4286、11.6215。

表 6-3 门槛效应检验及估计结果

Tab 6-3 Threshold Tests and Estimation Results

被解释变量	门槛	门槛检验 F 统计量	门槛检验 P 值	门槛估计值	95% 置信区间	Bootstrap 自抽样次数
GTFP	单一门槛	161.40***	0.000	10.7913	[10.7855, 10.7990]	400
	双重门槛	94.82***	0.000	11.4286	[11.4033, 11.4422]	400
	三重门槛	66.67	0.470	—	—	400
GEC	单一门槛	68.06***	0.000	10.3570	[10.3455, 10.3642]	400
	双重门槛	35.70**	0.025	11.0219	[10.9791, 11.0324]	400
	三重门槛	24.27	0.583	—	—	400
GTC	单一门槛	264.55***	0.000	10.9064	[10.8880, 10.9114]	400
	双重门槛	79.57***	0.000	11.4286	[11.4033, 11.4422]	400
	三重门槛	43.36**	0.020	11.6215	[11.5937, 11.6538]	400

*** $p < 0.01$, ** $p < 0.05$, * $p < 0.1$。

为了直观反映门槛值估计与门槛值置信区间估计的过程，本书还利用 Stata 软件分别绘制上述三个模型门槛效应检验和估计结果的似然比函数图像。其中图 6-4 分别绘制了模型 4 双重门槛的门槛识别过程，似然比函数图像显示，首先识别出的是 11.4286 门槛值，接着识别出 10.7913 门槛值，处于门槛值时似然比等于零，且当门槛估计值分别处于 [11.4033, 11.4422] 与 [10.7855, 10.7990] 区间时，似然比取值处于 0.05 显著性水平的临界值以下（即图中红色虚线以下），处于门槛估计值是否等于实际值的原假设接受域内，说明两个门槛估计值与实际门槛值一致[102]。图 6-5 分别绘制了模型 5 双重门槛的门槛识别过程，似然比函数图像显示，首先识别出的是 10.3570 门槛值，而后识别出 11.0219 门槛值，同样，两个门槛值分别位于 [10.3455, 10.3642] 和 [10.9791, 11.0324] 区间时，似然比取值处于 0.05 显著性水平的临界值以下（即图中红色虚线以下），说明两个估计门槛值与实际门槛值一致。图 6-6 则反映了模型 6 三重门槛的门槛识别过程，首先识别出 11.4286

门槛值，其次为 10.9064 门槛值，再次为 11.6215 门槛值。三个门槛值分别位于［11.4033, 11.4422］、［10.8880, 10.9114］、［11.5937, 11.6538］区间时，似然比取值处于 0.05 显著性水平的临界值以下，同样处于原假设接受区间，说明三个估计门槛值与实际门槛值一致。

上述对于经济发展水平为门槛变量的门槛效应检验和门槛估计结果，都证明旅游业绿色发展效应的门槛特征，即旅游业发展对旅游目的地城市绿色全要素生产率、绿色技术效率、绿色技术进步的推动作用确实会随着门槛变量的变化而变化。从而表明，前文面板平滑转换回归得出的旅游业绿色发展效应存在非线性这一初步结论得到进一步验证。

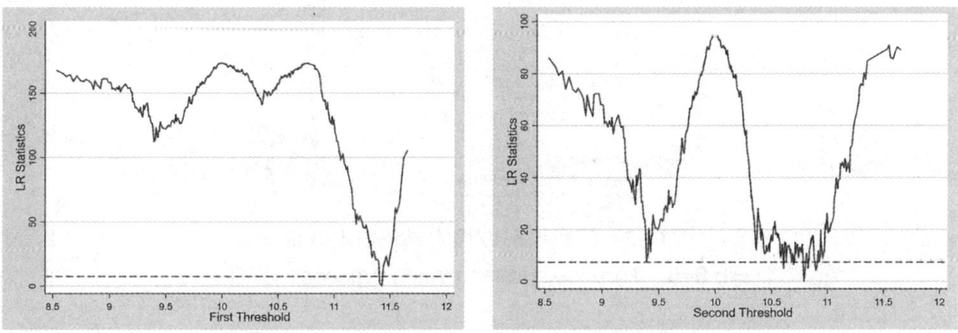

图 6–4　门槛识别过程（绿色全要素生产率）

Fig 6–4　Threshold identification process（GTFP）

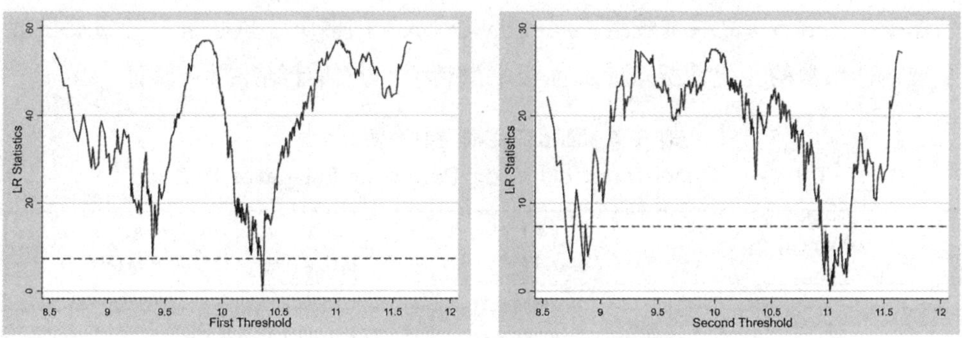

图 6–5　门槛识别过程（绿色技术效率）

Fig 6–5　Threshold identification process（GEC）

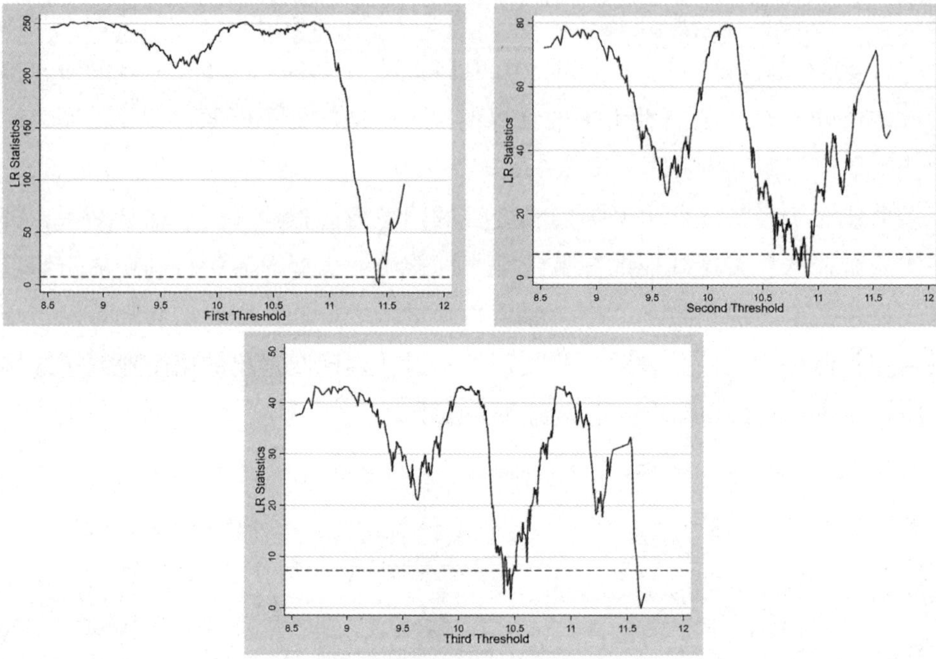

图 6-6　门槛识别过程（绿色技术进步）

Fig 6-6　Threshold identification process（GTC）

2. 面板门槛模型参数估计结果

为了进一步对面板平滑转换回归模型所估计的非线性细节特征进行稳健性检验，本书接下来利用 Stata 软件分别对模型 4、模型 5、模型 6 施以参数估计，结果报告于表 6-4。通过观察不同经济发展水平门槛下，核心解释变量旅游业发展估计系数的变化情况对前文面板平滑转换回归估计结果进行验证。

表 6-4　面板门槛模型参数估计结果

Tab 6-4　Panel Threshold Model Parameter Estimation Results

VARIABLES	（4） *lnGTFP*	（5） *lnGEC*	（6） *lnGTC*
lnecon	0.104*** （0.0244）	0.0174 （0.0172）	0.0722*** （0.0125）
lnstr	−0.116** （0.0530）	0.00156 （0.0345）	−0.108*** （0.0245）

续表

VARIABLES	（4） *lnGTFP*	（5） *lnGEC*	（6） *lnGTC*
lncrea	0.00389 （0.00445）	−0.00468 （0.00313）	0.00839*** （0.00239）
lnopen	−0.00863** （0.00435）	−0.00421 （0.00291）	−0.00450* （0.00249）
lnenvi	−0.0138 （0.0111）	−0.00514 （0.00904）	−0.00519 （0.00475）
lngov	0.00602 （0.0187）	−0.00531 （0.0144）	0.0160 （0.01000）
lntour（*lnecon* $\leqslant \gamma_1$）	0.0320** （0.0133）	0.0223** （0.00919）	0.0102* （0.00596）
lntour（$\gamma_1 <$ *lnecon* $\leqslant \gamma_2$）	0.0356*** （0.0134）	0.0243*** （0.00912）	0.0122** （0.00596）
lntour（$\gamma_2 <$ *lnecon* $\leqslant \gamma_3$）	0.0432*** （0.0137）	0.0268*** （0.00920）	0.0162*** （0.00608）
lntour（*lnecon* $\leqslant \gamma_3$）			0.0194*** （0.00619）
Constant	−0.928*** （0.200）	−0.449*** （0.156）	−0.392*** （0.107）
R-squared	0.582	0.222	0.673
Observations	3，408	3，408	3，408

注：括号中为标准误；***、**、* 分别表示 0.01、0.05、0.1 的显著性水平。

3. 旅游业绿色发展效应的门槛特征

（1）旅游业对绿色全要素生产率的门槛特征。

估计结果显示：旅游业对绿色全要素生产率存在以旅游目的地城市经济发展水平为门槛变量的双重门槛效应。双重门槛将样本划分为三个区制，在三个区制中，旅游业对绿色全要素生产率的估计系数均大于 0 且显著，说明不论旅游目的地城市经济发展水平处于什么阶段，旅游业对旅游目的地绿色全要素生产率的提升均起到正向推动作用，这与前文面板平滑转换回归模型的相应结论一致。具体而言，当经济发展水平门槛小于 10.7913（对应经过平减处理的人均 GDP 约为 48596 元）时，旅游业发展估计系数为 0.0320，并在 0.05 显著性水平上显著，而经济发展水平大于 10.7913 而小于 11.4286（对应经过平减处理的人均 GDP 约为 91913 元）时，旅游业发展估计系数增大为 0.0356，且在 0.01 显著性水平上显著，当旅游目的地城市经济发展水平超过第二个门槛 11.4286 时，旅游业发展估计系数进一步扩大为 0.0432，且在 0.01 显著性水平上显著。这种变化趋势说明，随着经济发展水平的提高，旅游业对旅游目的地城市绿色全要素生产率的促进作用不断强化，这一结论进一步证实了前文平滑转换机制相应结论的稳健性。

（2）旅游业对绿色技术效率的门槛特征。

估计结果显示：与旅游业对绿色全要素生产率的门槛特征相似，旅游业对绿色技术效率存在以经济发展水平为门槛变量的双重门槛效应。双重门槛所划分的三个区制中，旅游业发展对绿色技术效率的估计系数均大于 0 且显著，说明不论旅游目的地城市经济发展水平处于什么阶段，旅游业均可以促进旅游目的地绿色技术效率的提升。同样，这与前文面板平滑转换回归模型的相应结论一致。估计系数随门槛变化来看，当经济发展水平门槛小于 10.3570（对应经过平减处理的人均 GDP 约为 31476 元）时，旅游业发展估计系数为 0.0223，并在 0.05 显著性水平上显著，而经济发展水平大于 10.3570 而小于 11.0219（对应经过平减处理的人均 GDP 约为 61199 元）时，旅游业发展估计系数增大为 0.0243，且在 0.01 显著性水平上显著，当旅游目的地城市经济发展水平超过第二个门槛 11.0219 时，旅游业发展估计系数进一步扩大为 0.0268，且在 0.01 显著性水平上显著。这种变化趋势说明，随着经济发展水平的提高，旅游业对绿色技术效率的促进作用不断增强，这一结论证实了前文相应结论的稳健性。与旅游业对绿色全要素生产率的门槛特征相比，旅游业发展估计系数的变化较为平稳，上升幅度较小，说明旅游业发展对绿色技术效率的正向推动作用与旅游目的地城市经济发展水平关联性不强。

（3）旅游业对绿色技术进步的门槛特征。

估计结果显示：与旅游业对绿色全要素生产率，以及旅游业对绿色技术效率的门槛特征不同，旅游业对绿色技术进步存在以经济发展水平为门槛变量的三重门槛效应。相应地，将样本划分为四个区制，每个区制中旅游业对绿色技术进步的估计系数均大于 0 且显著，说明不论旅游目的地城市经济发展水平处于什么阶段，旅游业均可以促进旅游目的地绿色技术进步的提升，同样验证了前文面板平滑转换回归模型相应结论的稳健性。估计系数随门槛变化来看，当经济发展水平门槛小于 10.9064（对应经过平减处理的人均 GDP 约为 54524 元）时，旅游业发展估计系数为 0.0102，并在 0.1 显著性水平上显著；经济发展水平大于 10.9064 而小于 11.4286（对应经过平减处理的人均 GDP 约为 91913 元）时，旅游业发展估计系数增大为 0.0122，且在 0.05 显著性水平上显著；经济发展水平大于 11.4286 而小于 11.6215（对应经过平减处理的人均 GDP 约为 111468 元）时，旅游业发展估计系数增大为 0.0162，且在 0.01 显著性水平上显著；当旅游目的地城市经济发展水平超过第三个门槛 11.6215 时，旅游业发展估计系数进一步扩大为 0.0194，且在 0.01 显著性水平上显著。这种变化趋势说明，随着经济发展水平的提高，旅游业对绿色技术进步的促进作用不断增强，这一结论证实了前文相应结论的稳健性。与旅游业对绿色全要素生产率的门槛特征相比，旅游业发展估计系数变化较为平稳，上升幅度较小。随着经济发展水平的提高，旅游业对城市绿色技术进步的促进作用不仅在持续提高，其显著性也在不断提高，这在某种程度上暗示着旅游业促进绿色技术进步需要城市良好的经济发展水平作为基底，如果城市经济发展水平较为落后，单纯发展旅游业并不能达到促进绿色技术进步的显著效果。

6.3.2 稳健性检验 Ⅱ：一个拓展性研究

正如前文所列数据显示的一样，经过数十年发展，中国旅游业取得了长足发展。然而这种发展更多地是从旅游业的规模角度加以衡量的。同时，前文的一系列实证中有关旅游业发展核心解释变量代理变量的选择也是基于旅游经济规模和旅游接待人次规模展开的。党的十九大报告提出中国经济由高速增长阶段转向高质量发展阶段，首次提出“高质量”发展概念。旅游业同样存在发展阶段的转变，在旅游业规模持续扩张的发展态势下，大众旅游消费需求不断升级，同时，也出现了观光、体验、休闲、度假的功能迭代，更多创新型旅游业态层出不穷。以“增量”为主线的旅游发展阶段逐步向“提质”转变，旅游业发展质量成为新阶段旅游业发展的关注焦点和实践重点。顺应中国宏观经济发展的阶段变化，2018 年全国旅游工作会议上提出，首次提出“优质旅游”这一概念。而后，旅游高质量发展成为新时期旅游业发展的主旋律。

在此背景下，本书提出有别于旅游业规模视域的另一个问题——提升旅游业发展质量能否促进城市绿色发展呢？因此，本书在此部分尝试做出一个拓展性研究，进一步探讨旅游业发展质量与城市绿色全要素生产率、绿色技术效率、绿色技术进步之间是否存在显著影响关系。以期实现研究由规模维度向质量维度的跨越。

6.3.2.1 面板平滑转换模型设定

1. 旅游业发展质量代理指标的确定

实现旅游业发展质量对城市绿色发展影响这一研究主题，显然需要厘清旅游业发展质量的内涵。而从实证计量出发，则需要确定旅游业发展质量变量的代理指标。在传统观光旅游阶段，旅游业态和项目单一，“门票经济”特征明显，产业带动性差，旅游者可参与、可体验的旅游产品较匮乏，旅游综合收入较低，最直接地表征就是旅游人均消费不高。2014 年国务院颁布《关于促进旅游业改革发展的若干意见（国发〔2014〕31 号）》，提出“以转型升级、提质增效为主线，推动旅游产品向观光、休闲、度假并重转变，满足多样化、多层次的旅游消费需求”，明确了提升旅游消费在加快旅游业转变发展方式方面的重要地位。进入文旅融合与全域旅游新阶段，2019 年国务院办公厅印发《关于进一步激发文化和旅游消费潜力的意见（国办发〔2019〕41 号）》，专门强调促进旅游消费的重要意义，并提出了完善高质量文化和旅游供给的措施。上述关于旅游业改革发展和高质量发展的顶层设计均将提升旅游消费作为旅游业发展的关键点和着力点。

随着近年来旅游业供给侧结构性改革的深入实施，及需求侧旅游消费的不断升级，旅游产品结构不断优化升级，一方面，诸如自驾车房车旅游、邮轮旅游、通用航空旅游等旅游新产品受到旅游者青睐，另一方面，医疗康养旅游、商务会展旅游、体育休闲旅游、文化体验旅游等基于产业融合的旅游新业态成为旅游业转型升级、高质量发展的重要方向。而上述旅游产品和旅游业态显然比传统观光项目能够带来的消费更多，因此，旅游业高质量发展的一个体现就是，人均旅游消费显著增加。需要指出，旅游业高质量发展较粗放式低水平的旅游业而言，并不仅限于人均消费提升的经济内涵，还体现在旅游市场秩序、旅游整体服务水平、旅游公共服务体系等诸多方面。但是在城市尺度下，上述方面依托现有研究条件，难以通过定量方式加以衡量。因此在本书所掌握的条件下，选择将核心解释变量旅游业发展质量（*lntourq*）以旅游人均消费的对数加以表征。

2. 其余变量设定与模型构建

其余变量与 6.2 中的变量选取和模型构建基本一致，被解释变量依次为城市绿色全要素生产率（*lnGTFP*）、绿色技术效率（*lnGEC*）、绿色技术进步（*lnGTC*）。为了考察城市经济异质性仍然以经济发展水平（*lnecon*）作为转换变量，控制变量与前文面板平滑转换回归模型保持一致，即经济发展水平（*lnecon*）、产业结构（*lnstr*）、创新能力（*lncrea*）、对外开放水平（*lnopen*）、环境规制水平（*lnenvi*）、政府干预程度（*lngov*）。最终，构建以下三个面板平滑转换模型。

第一，考察旅游业发展质量对城市绿色全要素生产率的平滑转换效应，构建模型 7：

$$\begin{aligned} lnGTFP_{i,t} = {} & \mu_i + \beta_{GTFP1}\, lntourq_{i,t} + \beta_{GTFP2}\, lnecon_{i,t} + \beta_{GTFP3}\, lnstr_{i,t} + \beta_{GTFP4}\, lncrea_{i,t} \\ & + \beta_{GTFP5}\, lnopen_{i,t} + \beta_{GTFP6}\, lnenvi_{i,t} + \beta_{GTFP7}\, lngov_{i,t} + (\beta'_{GTFP1}\, lntourq_{i,t} \\ & + \beta'_{GTFP2}\, lnecon_{i,t} + \beta'_{GTFP3}\, lnstr_{i,t} + \beta'_{GTFP4}\, lncrea_{i,t} + \beta'_{GTFP5}\, lnopen_{i,t} \\ & + \beta'_{GTFP6}\, lnenvi_{i,t} + \beta'_{GTFP7}\, lngov_{i,t})\, g\,(lnecon_{i,t}; \gamma, c) + u_{i,t} \end{aligned}$$

第二，考察旅游业发展质量对城市绿色技术效率的平滑转换效应，构建模型 8：

$$
\begin{aligned}
lnGEC_{i,t} = {} & \mu_i + \beta_{GEC1}\, lntourq_{i,t} + \beta_{GEC2}\, lnecon_{i,t} + \beta_{GEC3}\, lnstr_{i,t} + \beta_{GEC4}\, lncrea_{i,t} \\
& + \beta_{GEC5}\, lnopen_{i,t} + \beta_{GEC6}\, lnenvi_{i,t} + \beta_{GEC7}\, lngov_{i,t} + (\beta'_{GEC1}\, lntourq_{i,t} \\
& + \beta'_{GEC2}\, lnecon_{i,t} + \beta'_{GEC3}\, lnstr_{i,t} + \beta'_{GEC4}\, lncrea_{i,t} + \beta'_{GEC5}\, lnopen_{i,t} \\
& + \beta'_{GEC6}\, lnenvi_{i,t} + \beta'_{GEC7}\, lngov_{i,t})\, g\,(lnecon_{i,t};\, \gamma,\, c) + u_{i,t}
\end{aligned}
$$

第三，考察旅游业发展质量对城市绿色技术进步的平滑转换效应，构建模型 9：

$$
\begin{aligned}
lnGTC_{i,t} = {} & \mu_i + \beta_{GTC1}\, lntourq_{i,t} + \beta_{GTC2}\, lnecon_{i,t} + \beta_{GTC3}\, lnstr_{i,t} + \beta_{GTC4}\, lncrea_{i,t} \\
& + \beta_{GTC5}\, lnopen_{i,t} + \beta_{GTC6}\, lnenvi_{i,t} + \beta_{GTC7}\, lngov_{i,t} + (\beta'_{GTC1}\, lntourq_{i,t} \\
& + \beta'_{GTC2}\, lnecon_{i,t} + \beta'_{GTC3}\, lnstr_{i,t} + \beta'_{GTC4}\, lncrea_{i,t} + \beta'_{GTC5}\, lnopen_{i,t} \\
& + \beta'_{GTC6}\, lnenvi_{i,t} + \beta'_{GTC7}\, lngov_{i,t})\, g\,(lnecon_{i,t};\, \gamma,\, c) + u_{i,t}
\end{aligned}
$$

其中 β_1、β_2、β_3、β_4、β_5、β_6、β_7 为各解释变量线性部分估计系数，β'_1、β'_2、β'_3、β'_4、β'_5、β'_6、β'_7 为各变量非线性部分估计系数，各解释变量对因变量的影响由线性与非线性部分共同决定，$g\,(lnecon_{i,t};\, \gamma,\, \mathrm{c})$ 为转换函数，$u_{i,t}$ 为残差项。

6.3.2.2 面板平滑转换模型估计结果

1. 面板平滑转换模型估计前测

与 6.2 中前测方法一致，依次分别对模型 7、模型 8、模型 9，在位置参数个数 m = 1、m = 2 以及 m = 3 的情形下，施以非线性检验，结果见表 6-5。

结果表明：第一，对于模型 7，m = 1 时 LM、LM_F 统计量及其稳健形式均在 0.01 的显著性水平上拒绝线性的原假设，m = 2 时 HAC、HAC_F 统计量则在 0.1 水平上拒绝原假设，m = 3 时 LM、LM_F 统计量及其稳健形式均在 0.01 的显著性水平上拒绝线性的原假设，但显著性 P 值大于 m = 1 时。第二，对于模型 8，m = 1 时 LM、LM_F 统计量及其稳健形式均在 0.01 的显著性水平上拒绝线性的原假设，m = 2 时 HAC、HAC_F 统计量则未能拒绝原假设，m = 3 时 LM、LM_F 统计量及其稳健形式均在 0.01 的显著性水平上拒绝原假设，但显著性 P 值大于 m = 1 时。第三，对于模型 9，m = 1 时 LM、LM_F 统计量及其稳健形式均在 0.01 的显著性水平上拒绝线性的原假设，m = 2 时 HAC_F 则在 0.05 水平上拒绝原假设，

m=3 时 HAC、HAC_F 统计量均未能拒绝原假设。上述检验结果首先表明，至少在位置参数为 1 的情形下，旅游业发展质量的变化将对绿色全要素生产率、绿色技术效率、绿色技术进步产生以经济发展水平为转换变量的非线性的影响效应，因此，需要利用非线性模型进行估计。同样，根据 González 的观点，选择原假设被拒绝得更强烈的情形下的 m 值作为位置参数的个数，将模型 7、模型 8、模型 9 位置参数的个数均选择为 1，即 m=1。

表 6-5　模型非线性检验结果（旅游业发展质量）

Tab 6-5　Nonlinear Test Results (Quality of Tourism Development)

		LM		LM_F		HAC		HAC_F	
		统计量	P 值	统计量	P 值	统计量	P 值	统计量	P 值
模型 7	m=1	436.10***	0.0000	56.85***	0.0000	47.46***	0.0000	6.19***	0.0000
	m=2	88.13***	0.0000	11.46***	0.0000	14.05*	0.0500	1.83*	0.0780
	m=3	130.20***	0.0000	16.89***	0.0000	23.97***	0.0010	3.11***	0.0030
模型 8	m=1	158.00***	0.0000	20.60***	0.0000	31.18***	0.0000	4.07***	0.0000
	m=2	57.44***	0.0000	7.47***	0.0000	9.94	0.1920	1.29	0.2490
	m=3	102.50***	0.0000	13.30***	0.0000	24.89***	0.0010	3.23***	0.0020
模型 9	m=1	578.10***	0.0000	75.36***	0.0000	46.94***	0.0000	6.12***	0.0000
	m=2	117.80***	0.0000	15.32***	0.0000	16.72**	0.0190	2.17**	0.0340
	m=3	49.87***	0.0000	6.47***	0.0000	11.63	0.1130	1.51	0.1590

注：R 软件同时反馈的 HAC 和 HAC_F 分别为 LM 和 LM_F 的稳健统计量，统计量下方为 P 值；***、**、* 分别表示 0.01、0.05、0.1 的显著性水平。

2. 面板平滑转换模型参数估计结果

仍然采用非线性最小二乘法（NLS）估计 PSTR 模型参数，转换函数的斜率系数 γ 和位置参数 c 采用网格搜索法得到。为了增强结果的稳健性，本书同时估计了面板固定效应模型作为对比，三个模型最终的估计结果见表 6-6，并绘制三个模型的转换函数图像，以及核心解释变量估计系数的非线性转换图像。

表 6–6　PSTR 模型估计结果（旅游业发展质量）

Tab 6–6　PSTR Model Estimation Results（Quality of Tourism Development）

	模型 7				模型 8				模型 9			
	PSTR			FE	PSTR			FE	PSTR			FE
	Linear	Nonlinear	Linear+ Nonlinear		Linear	Nonlinear	Linear+ Nonlinear		Linear	Nonlinear	Linear+ Nonlinear	
lntourq	0.0355*	0.0243	0.0597**	0.0418**	0.011	0.0264	0.0373*	0.0220*	0.0164	0.0164	0.0328**	0.0198*
	（0.0206）	（0.0283）	（0.0253）	（0.0192）	（0.0174）	（0.0264）	（0.0198）	（0.0123）	（0.0105）	（0.0138）	（0.0133）	（0.0106）
lnecon	0.1088***	0.0643***	0.1731***	0.1639***	0.0223	0.0273	0.0496**	0.0678***	0.0799***	0.032**	0.112***	0.0961***
	（0.0221）	（0.0244）	（0.0285）	（0.0157）	（0.0201）	（0.0198）	（0.0197）	（0.012）	（0.0102）	（0.0147）	（0.0155）	（0.0083）
lnstr	−0.0078	−0.2219***	−0.2297***	−0.2183***	0.0597	−0.0709*	−0.0111	−0.0472	−0.0617**	−0.1615***	−0.2232***	−0.1711***
	（0.0544）	（0.0533）	（0.0534）	（0.0499）	（0.0451）	（0.0407）	（0.0356）	（0.032）	（0.0254）	（0.0282）	（0.0295）	（0.0266）
lncrea	−0.0035	0.0281***	0.0247***	0.0094*	−0.008	0.0114	0.0034	−0.003	0.0036	0.0226***	0.0262***	0.0125***
	（0.0055）	（0.0091）	（0.0072）	（0.0048）	（0.0052）	（0.008）	（0.0047）	（0.0032）	（0.0025）	（0.0048）	（0.005）	（0.0029）
lnopen	−0.0066	−0.0036	−0.0102*	−0.0104**	−0.0075	0.008	0.0005	−0.0047	−0.0007	−0.0125***	−0.0132***	−0.0057**
	（0.0061）	（0.0086）	（0.0058）	（0.0045）	（0.0053）	（0.0083）	（0.0047）	（0.003）	（0.0029）	（0.0042）	（0.0036）	（0.0025）
lnenvi	0.0014	−0.0306	−0.0291*	−0.0187*	0.0042	−0.0201	−0.0159	−0.009	0.001	−0.0247**	−0.0237**	−0.0097*
	（0.013）	（0.02）	（0.0173）	（0.0113）	（0.0121）	（0.0198）	（0.0161）	（0.0093）	（0.005）	（0.0109）	（0.0103）	（0.0052）
lngov	0.0202	0.0392	0.0594**	−0.0108	−0.0078	0.0617**	0.0538**	−0.0096	0.0219**	−0.0124	0.0095	−0.0012
	（0.021）	（0.0308）	（0.0295）	（0.0207）	（0.0184）	（0.0269）	（0.0217）	（0.0148）	（0.0105）	（0.0174）	（0.0174）	（0.0104）
γ	7.4434			–	4.6455*			–	8.7968***			–
	（5.4814）			–	（2.5696）			–	（3.0501）			–
c	10.373***			–	10.187***			–	10.580***			–
	（0.092981）			–	（0.15714）			–	（0.070257）			–

注：括号中为标准误；***、**、* 分别表示 0.01、0.05、0.1 的显著性水平。

3. 旅游业发展质量与目的地城市绿色发展

（1）旅游业发展质量对绿色全要素生产率的平滑转换效应（见图 6–7）。

首先，固定效应模型估计结果显示，核心解释变量估计系数为 0.0418，且通过 0.05 水平的显著性检验，说明从样本整体看，旅游业发展质量的提高对城市绿色全要素生产率具有显著的促进作用。其次，根据模型 7 的 PSTR 模型估计结果、转换函数图像以及旅游业发展质量系数转换图像，本书发现，旅游业发展质量线性部分的估计系数 β_{GTFP1} 为 0.0355，在 0.1 显著性水平上显著，非线性部分 $lntourq_{i,t}\ g\ (lnecon;\ \gamma,\ c)$ 的估计系数 β'_{GTFP1} 为 0.0243，但未通过 0.1 显著性水平，表明当以旅游目的地城市经济发展水平作为转换变量时，旅游业发展质量的提高对绿色全要素生产率的正面促进作用增强，但这种非线性并不显著。具体而言，当转换函数 $g\ (lnecon;\ \gamma,\ c)=0$ 时，旅游业发展质量对城市绿色全要素生产率的影响效应为 0.0355，此时，模型处于低机制。当转换变量经济发展水平处于通过 0.01 显著性水平的位置参数 c 值 10.373（对应经过平减处理的人均 GDP 约为 31984 元）时，$g\ (lnecon_{i,t};\ \gamma,\ c)=0.5$，旅游业发展质量对绿色全要素生产率的影响效应为 0.04765（$\beta_{GTFP1}+0.5\times\beta'_{GTFP1}$），模型处于低高机制的中间状态。当 $g\ (lnecon;\ \gamma,\ c)=1$ 时，旅游业发展质量对城市绿色全要素生产率的影响效应为 0.0597（$\beta_{GTFP1}+\beta'_{GTFP1}$），且在 0.05 显著性水平上显著，模型处于高机制。旅游业发展质量对城市绿色全要素生产率的影响效应在低机制与高机制之间，以位置参数 $c=10.373$ 为中心，以 $\gamma=7.4434$ 较快的转换速率，在［0.0355, 0.0597］之间平滑转换。总体看来，旅游业发展质量的提升，将始终能够显著促进城市绿色全要素生产率的提升，并且当旅游目的地城市经济发展水平提高时，旅游业发展质量的提升能够更好促进城市整体绿色全要素生产率提高，城市经济发展水平仍然表现出“放大器”效应。结合前文研究发现，不仅旅游业“量”的扩张将有助于展现旅游业绿色发展效应，旅游业“质”的提升也能有效推动旅游目的地城市绿色发展，中国旅游业发展中“量”与“质”均不可偏废。这与文化和旅游部提出并不断推动的旅游业供给侧结构性改革、优质旅游和旅游业高质量发展等宏观政策不谋而合。

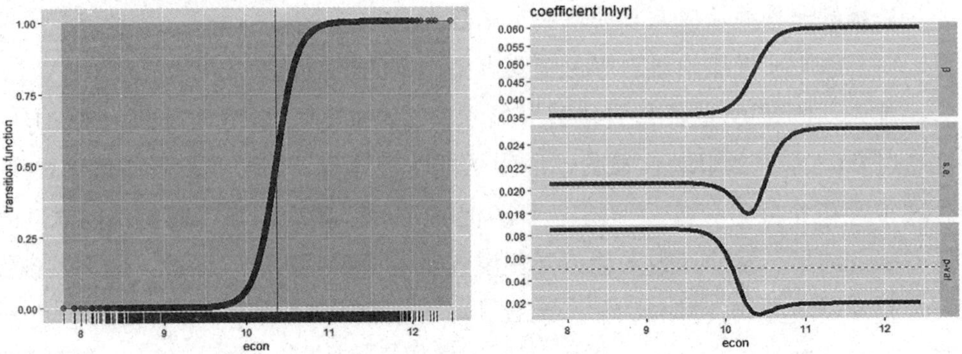

图 6-7 旅游业发展质量对绿色全要素生产率的平滑转换效应

Fig 6-7 The Smooth Transition Effect of Tourism Development Quality on GTFP

（2）旅游业发展质量对绿色技术效率的平滑转换效应（见图 6-8）。

首先，固定效应模型估计结果显示，核心解释变量估计系数为 0.0220，且通过 0.1 水平的显著性检验，说明从样本整体看，旅游业发展质量的提高对城市绿色技术效率具有显著的促进作用。其次，根据模型 8 的 PSTR 模型估计结果、转换函数图像以及旅游业发展质量系数转换图像，结果显示，模型 8 中旅游业发展质量线性部分的估计系数 β_{GEC1} 为 0.0110，未通过 0.1 显著性水平，说明当旅游目的地经济发展水平处于较低状态时，旅游业发展质量的提升并不能显著地促进城市绿色技术效率的提升。而 $lntourq_{i,t}\ g\ (lnecon_{i,t};\ \gamma,\ c)$ 的估计系数 β'_{GEC1} 为 0.0264，大于 0，但并不显著，反映出随着旅游目的地城市经济发展水平的提高，旅游业发展质量对绿色技术效率的促进作用得到强化，然而这种强化作用并不显著。当转换函数 $g\ (lnecon_{i,t};\ \gamma,\ c)=0$ 时，旅游业发展质量对城市纯技术效率的影响效应为 0.0110，旅游业发展质量对绿色技术效率正向推动效应并不显著，模型处于低机制。当 $g\ (lnecon_{i,t};\ \gamma,\ c)=1$ 时，旅游业发展质量对绿色技术效率的影响效应为 0.0373（$\beta_{GEC1}+\beta'_{GEC1}$），估计系数由低机制的不显著变为 0.1 水平下的显著，旅游业发展质量对绿色技术效率的正向影响效应进一步增强，模型处于高机制。旅游业发展质量对绿色技术效率的影响以通过 0.01 显著性水平的位置参数 c 值 10.187（对应经过平减处理的人均 GDP 约为 26555 元）为中心，以 $\gamma=4.6455$ 较慢的转换速率，平缓地在［0.0110, 0.0373］之间，完成由低机制到高机制的平滑转换。从核心解释变量旅游业发展质量的估计系数显著性图像不难发现，通过提升旅游业发展质量水平，来显著促进旅游目的地绿色技术效率的提升，更加依赖于旅游目的地城市经济发展的本底条件。

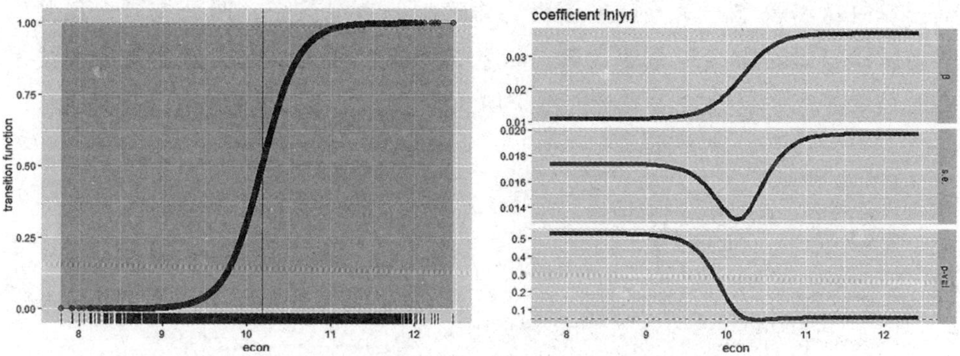

图 6-8　旅游业发展质量对绿色技术效率的平滑转换效应

Fig 6-8　The Smooth Transition Effect of Tourism Development Quality on GEC

（3）旅游业发展质量对绿色技术进步的平滑转换效应（见图 6-9）。

首先固定效应模型估计结果显示，核心解释变量估计系数为 0.0198，且通过 0.1 水平的显著性检验，说明从样本整体看，旅游业发展质量的提高对城市绿色技术进步具有显著的促进作用。其次根据模型 9 的 PSTR 模型估计结果、转换函数图像以及旅游业发展质量系数转换图像，发现旅游业发展质量对城市绿色技术进步的影响非线性特征与模型 7、模型 8 类似。模型 9 中，旅游业发展质量线性部分的估计系数 β_{GTC1} 为 0.0164，未通过 0.1 显著性水平，说明当旅游目的地经济发展阶段处于较低水平时，发展旅游业发展质量并不能显著地促进城市绿色技术进步，这与模型 8 中旅游业发展质量与绿色技术效率的关系基本一致。非线性部分 $lntourq_{i,t}\, g\,(lnecon_{i,t};\, \gamma,\, c)$ 的估计系数 β'_{GTC1} 为 0.0164，大于 0，但未通过 0.1 水平显著性检验，表明随着城市经济水平的提升，旅游业发展质量对城市绿色技术进步的正向影响会加强，但是平滑转换机制不显著。以位置参数 c 值 10.580（对应经过平减处理的人均 GDP 约为

39340 元）为中心，以 $\gamma=8.7968$ 相对较快的转换速率，发生平滑转换，其正向效应的区间为［0.0164, 0.0328］。相比模型 8 而言，旅游业发展质量对绿色技术进步影响效应变为显著的城市经济发展水平阈值（平减处理的人均 GDP 约为 32208 元）要高。综合模型 8、模型 9 的实证结果，以及绿色全要素生产率、绿色技术效率、绿色技术进步三者之间的数量关系，研究发现，提升旅游发展质量对城市绿色全要素生产率的正向推动作用，是通过促进绿色技术效率和绿色技术进步两个渠道综合实现的。

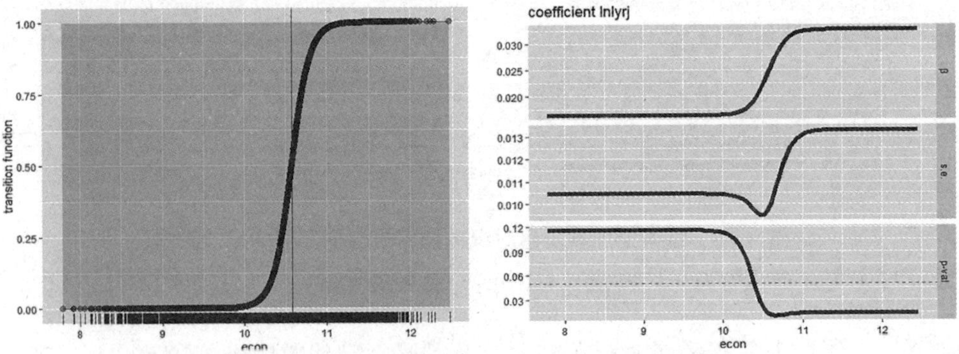

图 6–9　旅游业发展质量对绿色技术进步的平滑转换效应

Fig 6–9　The Smooth Transition Effect of Tourism Development Quality on GTC

6.4 本章主要结论

本章是中国旅游业绿色发展效应线性研究的延伸。基于城市经济异质性视角，通过构建 PSTR 面板平滑转换回归模型，揭示了旅游业发展对城市绿色全要素生产率、绿色技术效率、绿色技术进步影响的平滑转换特征。并运用面板门槛模型对揭示的平滑转换特征进行稳健性检验。同时，在旅游业高质量发展和优质旅游发展背景下，将研究视野由“旅游规模”向“旅游质量”进一步延伸，考察了旅游业发展质量对城市绿色发展的影响及其非线性特征。通过上述分析，形成了以下三个方面的结论：

第一，旅游业影响城市绿色发展的平滑转换特征。旅游业对城市绿色全要素生产率、绿色技术效率、绿色技术进步的影响均体现显著的平滑转换特征。从估计系数大小变化和显著性看，城市经济发展水平是中国旅游业绿色发展效应的“放大器”：随着转换变量经济发展水平的增长，旅游业对绿色全要素生产率估计系数由 0.0264 升至 0.0523，对绿色技术效率估计系数由 0.0150 升至 0.0282，对绿色技术进步估计系数由 0.0093 升至 0.0279，且显著性均增强。从旅游业促进城市绿色全要素生产率的阶段特征看，发挥旅游业对绿色技术进步显著的正向推动作用，其门槛条件比对绿色技术效率更为严格。城市经济发展到较高水平时，旅游业通过绿色技术进步对绿色全要素生产率的促进作用才逐步彰显。

第二，旅游业影响城市绿色发展的门槛特征。旅游业发展对城市绿色全要素生产率存在双重门槛（门槛值分别为 10.7913、11.4286）、绿色技术效率存在双重门槛（门槛值分别为 10.3570、11.0219）、对绿色技术进步存在三重门槛（门槛值分别为 10.9064、11.4286、11.6215）。随着门槛变量依次越过门槛进入不同区制，旅游业发展对绿色全要素生产率估计系数由 0.0320 升至 0.0356 再升至 0.0432 且显著性增强，旅游业发展对绿色全要素生产率估计系数由 0.0223 升至 0.0243 再升至 0.0268 且显著性增强，旅游业发展对绿色全要素生产率估计系数由 0.0102 升至 0.0122 升至 0.0162 再升至 0.0194 且显著性增强。估计系数和显著性变化趋势与面板平滑回归估计结果吻合，验证了旅游业影响城市绿色发展的平滑转换特征的稳健性。

第三，旅游业发展质量影响城市绿色发展的估计结果。固定效应模型估计显示旅游业发展质量提高对城市绿色全要素生产率（估计系数为 0.0418）、绿色技术效率（估计系数为 0.0220）、绿色技术进步（估计系数为 0.0198）均表现为促进作用，对绿色全要素生产率促进且体现“双轮驱动”特征。面板平滑转换模型估计显示，随着城市经济发展水平的提升，旅游业发展质量对绿色全要素生产率正向影响加强但其平滑转换机制不显著，旅游业发展质量对绿色技术效率和绿色技术进步的正向影响均加强且平滑转换机制显著。

第7章

主要结论和研究展望

前述章节已就中国旅游业绿色发展效应的机理、事实和特征，在“关系—空间—时间”研究框架下进行了由理论到实证的较充分的探讨。本章作为整个研究的尾声，将对前述章节所得关键研究结论做凝练梳理，并针对上述结论提出相应的研究启示和政策建议，以提升研究的实践价值。最后，由于本书是一次将旅游业发展与目的地整体绿色发展置于同一分析框架的尝试，还将结合本书的局限提出下一步的研究方向，以期更多研究者将这一领域的研究推进和深化。

7.1 研究主要结论

7.1.1 中国 GTFP 增长呈现“单一源泉”和“中部塌陷”特征

中国全国城市绿色全要素生产率的年均增长为 2.688%，绿色技术效率年均增长为 0.639%，绿色技术进步年均增长为 2.037%，中国城市绿色全要素生产率增长的“单一源泉”特征明显，其增长源泉为绿色技术进步，而非源于绿色技术效率。宏观政策上应施以优化资源配置效率、生产效率，提升规模效率等方面促进效率改善，以期形成效率改善和技术进步共同促进绿色全要素生产率增长的“双轮驱动”局面形成。分区域而言，中部城市绿色全要素生产率、绿色技术效率、绿色技术进步年均增长分别为2.091%、0.558%、1.524%，均低于东部（年均增长分别为3.237%、0.707%、2.512%）和西部（年均增长分别为3.018%、0.865%、2.134%），形成“中部塌陷”格局。但是，2013年以后，中部城市绿色全要素生产率改善速度明显提升，未来中部与东部、西部城市绿色全要素生产率的差距有望缩小。

7.1.2 中国旅游业能够显著推动城市绿色发展

通过对2005—2016年中国城市尺度面板数据所构建旅游业绿色发展效应面板计量模型施以多种方式的参数估计，本研究发现旅游业能够显著促进城市绿色发展（绿色全要素生产率提升）。第一，“规模”视角下，不考虑内生性情况下，旅游业发展每提升1%，城市绿色全要素生产率增长0.0189%-0.0285%（固定效应估计系数为0.0285且在0.05水平显著、PCSE估计系数为0.0189且在0.01水平显著）。克服内生性情况下，旅游业发展每提升1%，城市绿色全要素生产率增长0.171%-0.174%，远高于不考虑内生性的估计结果（构建旅游总人次滞后1期、2期的工具变量集，旅游业发展的工具变量稳健固定效应2SLS估计系数达0.174且在0.01水平显著，工具变量GMM估计系数达0.171且在0.01水平显著），稳健性检验验证了前述结论可靠。进一步讲，旅游业促进城市绿色全要素生产率提升是通过促进绿色技术效率和绿色技术进步综合实现的，旅游业绿色发展效应表现为“双轮驱动”特征。不考虑内生性情况下，旅游业发展每提升1%，城市绿色技术效率增长0.0036%-0.0208%（固定效应估计系数为0.0208在0.01水平显著、PCSE估计系数为0.0036不显著）。旅游业发展每提升1%，城市绿色技术进步增长0.0077%-0.0164%（固定效应估计系数为0.0077不显著、PCSE估计系数为0.0164在0.01水平显著）。从固定效应估计结果看，旅游业促进城市绿色全要素生产率增长以促进绿色技术效率为主。第二，“质量”视角下，固定效应模型估计显示旅游业发展质量提高对城市绿色全要素生产率（估计系数为0.0418在0.05水平显著）、绿色技术效率（估计系数为0.0220在0.1水平显著）、绿色技术进步

（估计系数为 0.0198 在 0.1 水平显著）均表现促进作用，对绿色全要素生产率有促进作用且体现“双轮驱动”特征。

7.1.3 旅游业对绿色技术效率具有正向空间溢出特征

基于面板杜宾模型偏微分估计发现，旅游业对城市绿色全要素生产率和绿色技术进步促进作用存在正向空间溢出特征但不显著，旅游业只对绿色技术效率表现为显著正向空间溢出效应。经济和地理距离空间权重矩阵下，本地旅游业发展每提高 1%，分别促使邻近城市绿色技术效率提高 0.0433% 和 0.0604%，且旅游业对绿色技术效率促进作用主要通过空间溢出效应体现而非直接效应体现。当考虑空间因素后，对旅游目的地本地而言，旅游业绿色发展效应仍然表现为同时提升绿色技术效率和绿色技术进步的“双轮驱动”特征（对绿色技术效率在经济和地理距离空间权重矩阵下，旅游业发展直接效应估计系数分别为 0.0185、0.0195 且均在 0.01 水平显著；对绿色技术进步在经济和地理距离空间权重矩阵下，旅游业发展直接效应估计系数分别为 0.0206、0.0208 且均在 0.01 水平显著），而对旅游目的地邻近城市而言，旅游业绿色发展效应则表现为促进绿色技术效率的“单轮驱动”特征。

7.1.4 经济发展水平是旅游业绿色发展效应的“放大器”

基于城市经济异质性的旅游业绿色发展效应非线性分析发现，旅游目的地城市经济发展水平对旅游业促进城市绿色全要素生产率作用表现为“放大器”效应。第一，“规模”视角下，随着城市经济发展水平的提高，旅游业发展对绿色全要素生产率估计系数由 0.0264 升至 0.0523，对绿色技术效率估计系数由 0.0150 升至 0.0282，对绿色技术进步估计系数由 0.0093 升至 0.0279，且显著性均增强。相应面板门槛模型的估计系数和显著性变化趋势与面板平滑转换回归估计结果吻合，验证了“放大器”效应结论。从旅游业促进城市绿色全要素生产率源泉的阶段特征看，城市经济发展到较高水平时，旅游业通过绿色技术进步对绿色全要素生产率的促进作用才逐步彰显。第二，“质量”视角下，随着城市经济发展水平的提高，旅游业发展质量对绿色全要素生产率的正向影响加强，城市经济水平提高也表现为“放大器”效应，旅游业发展质量对绿色技术效率和绿色技术进步的正向影响均加强且平滑转换机制显著。

7.2 研究启示与政策建议

7.2.1 将旅游业作为促进城市绿色发展的重要途径

中国实践情境下，不论旅游目的地处于何种经济发展阶段，从促进城市整体绿色全要素生产率提高的角度考虑，地方政府都应充分利用自身具备的资源特色和区位优势，给予更强的政策支持鼓励旅游业发展，并将旅游业视为促进当地城市绿色发展的可靠政策工具。尤其是在中国城市绿色全要素生产率增长以绿色技术进步为“单一源泉”，旅游业对当地绿色技术效率和绿色技术进步促进“双轮驱动”，以及对邻近城市绿色技术效率正向空间溢出的情况下，发展旅游业对于区域城市绿色发展具有特殊意义：发展旅游业可以与其他产业形成促进绿色全要素生产率的互补机制，促使区域绿色全要素生产率提升形成“双轮驱动”的新局面。在旅游目的地城市层面，纵然理论上证实了旅游业的绿色产业属性，扩大旅游经济规模有助于实现城市绿色发展，但是现实实践中仍然要强调地方政府在合理承载力范围内推动旅游产业自身的可持续发展，注意旅游业自身发展的资源消耗、污染排放等生态环境效应，促进旅游业自身发展资源节约与环境友好，确保旅游业能够成为旅游目的地可以长期依赖的国民经济战略性支柱产业。除此之外，在空间尺度更广的区域层面，要致力避免资源禀赋、区位条件类似且空间距离较近的城市共同追求旅游业规模扩大而导致的一哄而起无序的同质竞争局面，通过建立区域间旅游合作对话机制，做好旅游业区域分工策略和产业链构建，完善旅游产品供给空间布局，协调区域旅游发展各利益相关者，最终促成相互支撑、良性竞争、协同发展的区域旅游业发展格局。

7.2.2 强化旅游业对区域绿色发展的空间溢出机制

研究发现，现阶段中国旅游业对绿色全要素生产率的提升并不表现明显的正向空间溢出效应。换言之，旅游目的地当地旅游业发展对周围城市绿色发展并没有起到显著的推动作用。究其原因，主要是由于旅游业对邻近城市绿色技术进步不存在显著空间溢出效应引起的，因此需要以加强构建旅游业对绿色技术进步的空间溢出机制为重点，进行宏观政策的设计。首先，由于旅游业对绿色技术进步的直接效应为正且显著，那么最直接的策略，就是构建旅游业本身的空间溢出机制，利用本地旅游发展带动邻地旅游发展，以邻地旅游发展促进当地绿色技术进步。通过实施区域旅游一体化政策，共享客源市场、共享人力资本、共建共享基础配套设施、共创区域旅游线路等方式，消除旅游流在区域内流动的壁垒，发挥区域旅游增长极辐射作用，带动周围腹地旅游业发展。其次，加强构建旅游目的地的创新溢出机制，将目的地发展旅游业的创新需求向邻地传导和输出。例如，配套高端制造业并开展研发以满足房车制造、露营户外用品等旅游装备制造需求，配套科技研发企业进行新科技的旅游场景应用开发，以满足智慧旅游、旅游信息化建设等需求。通过上述产业，促进旅游目的地邻地产业结构升级和激发创新活动，推动邻地生产前沿面外移，进而实现绿色技术进步。最后，推动旅游目的地与邻地产业分工协同发展，构建旅游经济深度参与的区域产业生态圈和综合体。

7.2.3 推动“城旅融合”充分释放旅游业绿色发展效应

基于城市经济异质性的非线性研究表明，城市经济水平是旅游业绿色发展效应的“放大器”，良好的城市发展基础将为旅游业促进旅游目的地绿色发展提供有利的保障条件。因此，为了充分发挥旅游业的绿色发展效应，当地政府应当强化将旅游业发展置于旅游目的地城市经济发展水平提升的整体布局中的意识。具体而言，当地政府应该促进“城旅融合”发展。推动“旅游+”融合创新，促进旅游业与城市农业、制造业、服务业深入融合，不仅可以实现旅游自身业态创新，而且能为其他关联产业赋能，使关联产业价值提升。在城市建设时，也应当充分考虑旅游业发展需求，配套更多的基于主客共享理念的旅游型城市综合体、休闲街区和城市公共服务配套体系。特别是有条件的城市或区县（例如，国家全域旅游示范区及其创建单位），更是应当抓住国家全域旅游示范区建设的契机，切实践行“产业围绕旅游转、产品围绕旅游造、结构围绕旅游调、功能围绕旅游配、民生围绕旅游兴”的全域旅游发展理念，促进旅游业与目的地城市共生发展。以此形成旅游业发展与旅游目的地经济发展良性互动、相互促进的格局。进而推动旅游业影响绿色全要素生产率、绿色技术效率和绿色技术进步由低机制向高机制转换。

7.2.4 促进旅游业“增量”“提质”与目的地自身发展

本节内容是对本书前述所有结论和建议做的凝练。即为了最大限度发挥中国旅游业对城市绿色全要素生产率的提升作用，促进旅游业“增量”“提质”与旅游目的地自身发展是强化旅游业绿色发展效应不可偏废的“三位一体”政策体系。其中，促进旅游业“增量”和旅游目的地发展在 7.2.1 和 7.2.3 中已做论述，这里重点提出旅游业“提质”的相关政策建议。旅游业“提质”是高质量发展和优质旅游时代旅游业转型发展的核心命题。总体来说，为了响应旅游者消费升级和需求升级，应当以促进旅游消费为目标，将旅游业供给侧结构性改革进行到底，持续丰富和创新旅游产品供给体系。具体而言，第一，在旅游新业态上，积极发展自驾车房车旅游、邮轮旅游、通用航空旅游、民宿非标住宿业等新业态，并充分依托 5G、3R、AI 等新技术革新，进一步优化丰富旅游新业态。第二，在旅游功能上，继续推动传统观光向文化体验、生态体验、休闲度假、商务会展、医疗康养、研学教育等方向拓展。第三，在行业管理上，鼓励旅游企业和经营主体旅游产品创新，做好相关行业标准制定和实施，以保证旅游产品质量。同时，引导旅游企业研究旅游市场和旅游者偏好，结合自身优势推出差异化和个性化旅游产品，避免同质化低价竞争局面。最后，应当不遗余力持续改善旅游市场消费环境，确保良币驱逐劣币的基本市场机制运行。

7.3 研究展望

本书将旅游业与旅游目的地绿色发展置于同一分析框架下，形成了旅游经济学外部性研究新的研究话题和领域。在“关系—空间—时间”三维解构视角下，通过经济实证，由浅入深逐步形成并加深了对中国旅游业绿色发展效应的理性认识。但是，目前本书还无法回应一些必要关切，希望本书抛砖引玉，未来有更多的研究者能够像旅游经济学者持有面对 TLGH 旅游导向型经济增长假说的研究热情，投入到旅游导向型绿色发展的研究领域中，形成更多可供对话的丰富成果。未来这一领域可能存在的研究方向包括但不限于以下方面。

7.3.1 旅游业绿色发展效应机制路径的检验

本书尝试探究了旅游业影响城市绿色全要素生产率的机制，下一步研究的重点是：一方面可采用中介效应模型、构建交互项等手段，深入考察和比较旅游业对绿色全要素生产率的各渠道所发挥的间接作用大小，验证产业关联融合、产业结构替代、发展环境优化、对外开放扩大等旅游业影响绿色全要素生产率的传导路径，进而评估优化效应、倒逼效应、融合效应在旅游业绿色发展效应中的重要程度。另一方面，从绿色全要素生产率进一步分解的角度，对其施以更为细致的分解（纯技术效率、规模效率变化、纯技术变化、规模技术变化等），以更加细化考察旅游业促进绿色全要素生产率增长的源泉。最终实现对旅游业绿色发展效应理论机理的全面考察。

7.3.2 多种异质性下旅游业绿色发展效应的考察

旅游业对绿色全要素生产率、绿色技术效率、绿色技术进步的非线性机制会受到诸多因素影响，而本书只基于城市经济异质性进行了单因素的考察。除此之外，有必要探讨以城市的资源禀赋异质性、空间异质性、文化异质性甚至旅游业自身发展阶段等诸多因素为转换变量或门槛变量时，旅游业绿色发展效应是否也存在平滑转换机制或者门槛效应。这有助于我们形成对旅游业绿色发展效应非线性特征更加全面的认识，也对提出视角更全面的政策建议提供理论依据。需要指出，上述研究的基础和关键是选择可操作的代理变量科学表征上述异质性，这是研究者面临的最直接问题。

7.3.3 丰富旅游业绿色发展效应的适用情景

本书样本采用的是中国 284 个地级市，没有考虑这些城市的旅游业发展水平，有的样本旅游业在城市经济结构中比重很小，可能造成整体上低估了旅游业绿色发展效应。接下来，一方面，可以聚焦一些以旅游业为主导产业的城市作为研究对象，对旅游业绿色发展效应进行再估计。比如，从产业结构层面，利用旅游专业化水平或旅游人次比等结构性指标进行旅游目的地城市研究样本的筛选，选择旅游专门化程度更高的城市作为研究样本。从政策划分层面，选择中国重点旅游城市、省会城市等进行考察。另一方面，在研究尺度上也可以做出拓展。比如，上升至全国省份尺度或细化到某地区的县域尺度，探讨尺度转换下中国旅游业绿色发展效应的估计结果是否相互支持。特别是针对县域尺度，可以选择国家级或省级全域旅游示范区[①]为研究样本，评估全域旅游战略实施下，旅游业对旅游目的地绿色发展的影响。同时，将研究视野扩展到国外旅游目的地也值得尝试。

① 文化和旅游部首批国家全域旅游示范区名单以县域单元验收认定，共 71 个区县市。

参考文献

［1］林毅夫．中国改革开放40年经济发展态势与新时代转型升级展望［J］．西部论坛，2018，28（6）：1-6.

［2］马勇，郭田田．践行“两山理论”：生态旅游发展的核心价值与实施路径［J］．旅游学刊，2018，33（8）：16-18.

［3］张俊，程励．旅游发展与居民幸福：基于系统动力学视角［J］．旅游学刊，2019，34（8）：12-24.

［4］何建民．我国旅游业供给侧结构性改革的理论要求、特点问题与目标路径研究［J］．旅游科学，2018，32（1）：1-13.

［5］“游客满意度指数”课题组，戴斌，李仲广，等．游客满意度测评体系的构建及实证研究［J］．旅游学刊，2012，27（7）：74-80.

［6］The UN World Tourism Organization（UNWTO）.Towards a low carbon travel and tourism sector［R］.The World Economic Forum.2009：3-36.

［7］Stefan G，Paul P，Jean P C，et al. The eco-efficiency of tourism. Ecological Economics，2005，54（4）：417-434.

［8］Perch N S，Sesartic. The greenhouse gas intensity of tourism sector：The case of Switzerland. Environment Science&Policy，2010，13（2）：131-140.

［9］Qiu X P，Fang Y P，Yang X T，et al. Tourism eco-efficiency measurement，characteristics，and its influence factors in China. Sustainability，2017，9（9）：16-34.

［10］刘军，问鼎，童昀，等．基于碳排放核算的中国区域旅游业生态效率测度及比较研究［J］．生态学报，2019，39（6）：1979-1992.

［11］Catherine Marina Pickering，Wendy Hill. Impacts of recreation and tourism on plant biodiversity and vegetation in protected areas in Australia［J］. Journal of Environmental Management，2007，85（4）：791-800.

［12］Szeremeta B，Zannin P H T. Analysis and evaluation of soundscapes in public parks through interviews and measurement of noise［J］.Science of the Total Environment，2009，407（24）：6143-6149.

［13］陆诤岚，陆均良，李云云．旅游景区生态环境影响国外研究述评［J］．经济地理，2009，29（1）：130-133+152.

［14］冯学钢，包浩生．旅游活动对风景区地被植物—土壤环境影响的初步研究［J］．自然资源学报，1999（1）：76-79.

［15］王明康，刘彦平，李涛．旅游产业集聚对环境污染的差异性影响：287个地级市例证［J］．改革，2019（2）：102-114.

［16］胡鞍钢，周绍杰．绿色发展：功能界定、机制分析与发展战略［J］．中国人口·资源与环境，2014，24（1）：14-20.

［17］丰晓旭．全域旅游和区域绿色发展的关联度［J］．改革，2018（2）：122-131.

［18］赵磊．中国旅游发展与经济增长——一项实证研究［M］，北京：经济科学出版社，2018：12-13.

［19］赵磊．改革开放40年中国旅游导向型经济增长假说研究的学术演变［J］．旅游学刊，2019，34（1）：6-8.

［20］Balaguer J，Cantavella-JordáM.Tourism as a long-run economic growth factor：The Spanish case［J］.Applied Economics，2002，34（7）：877-884.

［21］Anselin L.Interactive techniques and exploratory spatialdata analysis// Longley P，Goodchild M，Maguire D，Rhind D.Geographical Information Systems：Principles，Techniques，Management and Applications，New York：Wiley，1999：251-264.

［22］孙久文，姚鹏 . 空间计量经济学的研究范式与最新进展［J］. 经济学家，2014（7）：27-35.

［23］Anselin L.Spatial Econometrics：Methods and Models［M］.Dordrecht：Kluwer Academic，1988.

［24］Elhorst J P.Spatial Econometrics：From Cross-sectional Data to Spatial Panels［M］.Berlin：Springer，2014.

［25］姜磊 . 空间回归模型选择的反思［J］. 统计与信息论坛，2016，31（10）：10-16.

［26］Elhorst J P.Applied Spatial Econometrics：Raising the Bar［J］.Spatial Economic Analysis，2010，5（1）：9-28.

［27］Hansen，B. E.，Threshold effects in non-dynamic panels：Estimation，testing，and inference. Journal of Econometrics 1999，93，（2）：345-368.

［28］Gonzalez，A.；Terasvirta，T.；van Dijk，D.，Panel Smooth Transition Regression Models. 2005；Vol. 604.

［29］王海芹，高世楫 . 我国绿色发展萌芽、起步与政策演进：若干阶段性特征观察［J］. 改革，2016（3）：6-26.

［30］乔根·兰德斯，王小钢 . 极限之上:《增长的极限》40 年后的再思考［J］. 探索与争鸣，2016（10）：4-8.

［31］世界环境与发展委员会 . 我们共同的未来［M］. 王之佳，柯金良，译 . 长春：吉林人民出版社，1997.

［32］盛馥来，诸大建 . 绿色经济——联合国视野中的理论、方法与案例［M］，北京：中国财政经济出版社，2015.

［33］李晓西，刘一萌，宋涛 . 人类绿色发展指数的测算［J］. 中国社会科学，2014（6）：69-95+207-208.

［34］OECD.Towards green growth［R］.OECD Meeting of the Council，Paris，2011.

［35］周小亮，吴武林 . 中国包容性绿色增长的测度及分析［J］. 数量经济技术经济研究，2018，35（8）：3-20.

［36］欧阳志云，赵娟娟，桂振华，等．中国城市的绿色发展评价［J］．中国人口·资源与环境，2009，19（5）：11-15.

［37］郇庆治．国际比较视野下的绿色发展［J］．江西社会科学，2012，32（8）：5-11.

［38］邓远建，张陈蕊，袁浩．生态资本运营机制：基于绿色发展的分析［J］．中国人口·资源与环境，2012，22（4）：19-24.

［39］齐建国．循环经济与绿色发展——人类呼唤提升生命力的第四次技术革命［J］．经济纵横，2013（1）：43-53.

［40］中国科学院可持续发展战略研究组．2010 中国可持续发展战略报告——绿色发展与创新［M］．北京：科学出版社，2010.

［41］王玲玲，张艳国．“绿色发展”内涵探微［J］．社会主义研究，2012（5）：143-146.

［42］蒋南平，向仁康．中国经济绿色发展的若干问题［J］．当代经济研究，2013（2）：50-54.

［43］李晓西，潘建成．中国绿色发展指数的编制——《2010 中国绿色发展指数年度报告——省际比较》内容简述［J］．经济研究参考，2011（2）：36-64.

［44］刘纪远，邓祥征，刘卫东，李海英，等．中国西部绿色发展概念框架［J］．中国人口·资源与环境，2013，23（10）：1-7.

［45］刘明广．中国省域绿色发展水平测量与空间演化［J］．华南师范大学学报（社会科学版），2017（3）：37-44+189-190.

［46］黄跃，李琳．中国城市群绿色发展水平综合测度与时空演化［J］．地理研究，2017，36（7）：1309-1322.

［47］马勇，黄智洵．长江中游城市群绿色发展指数测度及时空演变探析——基于 GWR 模型［J］．生态环境学报，2017，26（5）：794-807.

［48］马双，王振．长江经济带城市绿色发展指数研究［J］．上海经济，2018（5）：42-53.

［49］郭永杰，米文宝，赵莹．宁夏县域绿色发展水平空间分异及影响因

素［J］. 经济地理，2015，35（3）：45-51+8.

［50］Kumar，S.，Environmentally Sensitive Productivity Growth：A Global Analysis Using Malmquist-Luenberger Index，Ecological Economics 2006，（56），280-293.

［51］Wawan Rusiawan，Prijono Tjiptoherijanto，Emirhadi Suganda，Linda Daemajanti.Assessment of Green Total Factor Productivity Impact on Sustainable Indonesia Productivity Growth［J］.Procedia Environmental Sciences，2015，28：493-501.

［52］徐晓红，汪侠. 中国绿色全要素生产率及其区域差异——基于 30 个省面板数据的实证分析［J］. 贵州财经大学学报，2016（6）：91-98.

［53］陈黎明. 基于绿色全要素生产率的产业生态经济系统优化研究［D］. 东南大学，2016.

［54］齐绍洲，徐佳. 贸易开放对"一带一路"沿线国家绿色全要素生产率的影响［J］. 中国人口·资源与环境，2018，28（4）：134-144.

［55］汪朝阳. 湖北绿色全要素生产率的估算与分析［J］. 统计与决策，2017（20）：113-116.

［56］卢丽文，宋德勇，黄璨. 长江经济带城市绿色全要素生产率测度——以长江经济带的 108 个城市为例［J］. 城市问题，2017（1）：61-67.

［57］尹传斌，蒋奇杰. 绿色全要素生产率分析框架下的西部地区绿色发展研究［J］. 经济问题探索，2017（3）：155-161.

［58］刘阳，秦曼. 中国东部沿海四大城市群绿色效率的综合测度与比较［J］. 中国人口·资源与环境，2019，29（3）：11-20.

［59］李健，刘召. 中国三大城市群绿色全要素生产率空间差异及影响因素［J］. 软科学，2019，33（2）：61-64+80.

［60］吴建新，黄蒙蒙. 中国城市经济的绿色转型：基于环境效率和环境全要素生产率的分析［J］. 产经评论，2016，7（6）：98-115.

［61］张豪，何宇，张建华. 中国主要城市绿色全要素生产率增长差异及空间溢出——基于方向性距离函数的实证分析［J］. 科技管理研究，2017，

37（8）：260-266.

［62］吴军．环境约束下中国经济增长绩效研究［D］．华中科技大学，2010.

［63］胡晓珍，杨龙．中国区域绿色全要素生产率增长差异及收敛分析［J］．财经研究，2011，37（4）：123-134.

［64］屈小娥．考虑环境约束的中国省际全要素生产率再估算［J］．产业经济研究，2012（1）：35-43+77.

［65］汪锋，解晋．中国分省绿色全要素生产率增长率研究［J］．中国人口科学，2015（2）：53-62+127.

［66］吴翔．中国绿色经济效率与绿色全要素生产率分析［D］．华中科技大学，2014.

［67］匡远凤，彭代彦．中国环境生产效率与环境全要素生产率分析［J］．经济研究，2012，47（7）：62-74.

［68］傅京燕，司秀梅，曹翔．排污权交易机制对绿色发展的影响［J］．中国人口·资源与环境，2018，28（8）：12 21.

［69］蔡乌赶，周小亮．中国环境规制对绿色全要素生产率的双重效应［J］．经济学家，2017（9）：27-35.

［70］张帆．金融发展影响绿色全要素生产率的理论和实证研究［J］．中国软科学，2017（9）：154-167.

［71］汪克亮，孟祥瑞，杨力，等．生产技术异质性与区域绿色全要素生产率增长——基于共同前沿与2000—2012年中国省际面板数据的分析［J］．北京理工大学学报（社会科学版），2015，17（1）：23-31.

［72］王兵，黄人杰．中国区域绿色发展效率与绿色全要素生产率：2000—2010——基于参数共同边界的实证研究［J］．产经评论，2014，5（1）：16-35.

［73］李俊，徐晋涛．省际绿色全要素生产率增长趋势的分析——一种非参数方法的应用［J］．北京林业大学学报（社会科学版），2009，8（4）：139-146.

［74］陈阳，唐晓华 . 制造业集聚对城市绿色全要素生产率的溢出效应研究——基于城市等级视角［J］. 财贸研究，2018，29（1）：1-15.

［75］李卫兵，涂蕾 . 中国城市绿色全要素生产率的空间差异与收敛性分析［J］. 城市问题，2017（9）：55-63.

［76］马勇，周霄 . 旅游学概论（第 2 版）［M］. 北京：旅游教育出版社，2008：51-53.

［77］李天元，王连义 . 旅游学概论［M］. 天津：南开大学出版社，1991.

［78］Mohtadi H.1996. Environment，Growth and Optimal Policy Design［J］. Journal of Public Economics，（63）：119-140.

［79］Chung Y H，Färe R，Grosskopf S. Productivity and Undesirable Outputs：A Directional Distance Function Approach［J］. Microeconomics，1997，51（3）：229-240.

［80］Jorgenson D W，Stiroh K J. US Economic Growth at the Industry Level［J］. American Economic Review，2000，90（2）：161-167.

［81］Färe R，Grosskopf S，Pasurka Jr C A. Accounting for Air Pollution Emissions in Measures of State Manufacturing Productivity Growth［J］. Journal of Regional Science，2001，41（3）：381-409.

［82］Elsadig M A. Green TFP Intensity Impact on Sustainable East Asian Productivity Growth［J］. Economic Analysis and Policy，2012，42（1）：67-78.

［83］吴翔 . 中国绿色经济效率与绿色全要素生产率分析［D］. 华中科技大学，2014.

［84］Bai，Y.；Deng，X.；Jiang，S.；Qian，Z.；Zhan，W.，Exploring the relationship between urbanization and urban eco-efficiency：evidence from prefecture-level cities in China. Journal of Cleaner Production，2017，195，（10），1487-1496.

［85］Jing Xiao，Z.；Hui，L.；Bo，X.；Martin，S.，Impact of environment regulation on the efficiency of regional construction industry：A 3-stage Data

Envelopment Analysis（DEA）. Journal of Cleaner Production 2018，200，770-780.

［86］吴健生，牛妍，彭建，等.基于DMSP/OLS夜间灯光数据的1995—2009年中国地级市能源消费动态.地理研究，2014，33（4）：625-634.

［87］XIE Y，WENG Q. World energy consumption pattern as revealed by DMSP-OLS nighttime light imagery. GIScience & Remote Sensing，2016，53（2）：265-282.

［88］刘海猛，方创琳，黄解军，等.京津冀城市群大气污染的时空特征与影响因素解析.地理学报，2018，73（1）：177-191.

［89］张军，吴桂英，张吉鹏.中国省际物质资本存量估算：1952—2000［J］.经济研究，2004（10）：35-44.

［90］单豪杰.中国资本存量K的再估算：1952 ~ 2006年［J］.数量经济技术经济研究，2008，25（10）：17-31.

［91］胡李鹏，樊纲，徐建国.中国基础设施存量的再测算［J］.经济研究，2016，51（8）：172-186.

［92］Kaoru Tone，Miki Tsutsui. An epsilon-based measure of efficiency in DEA：A third pole of technical efficiency. European Journal of Operational Research，2010，27（3）：1554-1563.

［93］汪克亮，刘悦，史利娟，等.长江经济带工业绿色水资源效率的时空分异与影响因素：基于EBM-Tobit模型的两阶段分析.资源科学，2017，39（8）：1522-1534.

［94］俞会新，林晓彤.基于EBM超效率模型的京津冀环境污染治理投资效率分析［J］.河北工业大学学报（社会科学版），2018，10（1）：9-16.

［95］柯孔林，冯宗宪.中国商业银行全要素生产率增长及其收敛性研究——基于GML指数的实证分析［J］.金融研究，2013（6）：146-159.

［96］崔兴华，林明裕.FDI如何影响企业的绿色全要素生产率？——基于Malmquist-Luenberger指数和PSM-DID的实证分析［J］.经济管理，2019，41（3）：38-55.

[97] 邱斌，杨帅，辛培江.FDI 技术溢出渠道与中国制造业生产率增长研究：基于面板数据的分析 [J]. 世界经济，2008（8）：20-31.

[98] 原毅军，谢荣辉.FDI、环境规制与中国工业绿色全要素生产率增长——基于 Luenberger 指数的实证研究 [J]. 国际贸易问题，2015（8）：84-93.

[99] 周五七，朱亚男.金融发展对绿色全要素生产率增长的影响研究——以长江经济带 11 省（市）为例 [J]. 宏观质量研究，2018，6（3）：74-89.

[100] 李斌，祁源，李倩.财政分权、FDI 与绿色全要素生产率——基于面板数据动态 GMM 方法的实证检验 [J]. 国际贸易问题，2016（7）：119-129.

[101] 童昀，马勇，刘军，等.大数据支持下的酒店业空间格局演进与预测：武汉案例 [J]. 旅游学刊，2018，33（12）：76-87.

[102] 赵磊，毛润泽.旅游发展、门槛效应与经济增长——来自中国的经验证据 [J]. 山西财经大学学报，2013，35（12）：69-83.

[103] 赵磊，吴媛.中国旅游业与农村贫困减缓：事实与解释 [J]. 南开管理评论，2018，21（6）：142-155.

[104] 赵磊，唐承财.产业结构变迁、旅游业与经济增长——来自中国的经验证据 [J]. 资源科学，2017，39（10）：1918-1929.

[105] 赵磊.旅游发展与经济增长——来自中国的经验证据 [J]. 旅游学刊，2015，30（4）：33-49.

[106] 王兵，吴延瑞，颜鹏飞.中国区域环境效率与环境全要素生产率增长 [J]. 经济研究，2010，45（5）：95-109.

[107] 李兰冰，刘秉镰.中国区域经济增长绩效、源泉与演化：基于要素分解视角 [J]. 经济研究，2015，50（8）：58-72.

[108] 郑婷婷.资源诅咒、产业结构与绿色经济增长研究 [D]. 北京邮电大学，2019.

[109] Anselin L.Local indicators of spatial association-LISA.Geographical Analysis，1995，27（2）：93-115.

［110］刘华军，李超，彭莹．中国绿色全要素生产率的地区差距及区域协同提升研究［J］．中国人口科学，2018（4）：30-41+126.

［111］刘瑞翔，安同良．资源环境约束下中国经济增长绩效变化趋势与因素分析——基于一种新型生产率指数构建与分解方法的研究［J］．经济研究，2012,（11）.

［112］余泳泽，杨晓章，张少辉．中国经济由高速增长向高质量发展的时空转换特征研究［J］．数量经济技术经济研究，2019，36（6）：3-21.

［113］郭为，秦宇，黄卫东，等．旅游产业融合、新业态与非正规就业增长：一个基于经验与概念模型的实证分析［J］．旅游学刊，2017，32（6）：14-27.

［114］Chao C C，Hazar I B R，Laffargue J P，ET Al.Tourism Dutch disease and welfare in an open dynamic economy［J］.Japanese Economic Review，2006，57（4）：501-515.

［115］Capój，Font A R，Nadal J R.Dutch disease in tourism economies：evidence from Balearics and the Canary Islands［J］.Journal of Sustainable Tourism，2007，15（6）：615-627.

［116］Copeland B R.Tourism，welfare and de-industrialization in a small open economy［J］.Economica，1991，New Series，58（232），515-529.

［117］胡抚生．新时代的目的地形象提升要以优质旅游发展为支撑［J］．旅游学刊，2018，33（4）：11-12.

［118］Saayman A.Determinants of Tourist Arrivals in Africa：A Panel Data Regression Analysis［J］.Tourism Economics，2005,（3）：365-391.

［119］Khadaroo J，Seetanah B.Transport Infrastructure and Tourism Development［J］.Annals of Tourism Research，2008,（4）：1021-1032.

［120］辛大楞，李建萍．高铁开通与地区旅游业发展——基于中国287个地级及以上城市的实证研究［J］．山西财经大学学报，2019，41（6）：57-66.

［121］Goymen K.Tourism and governance in Turkey［J］.Annals ofTourism

Research，2000，27（4）：1025-1048.

［122］Baggio R，Scott N，Cooper C.Improving destination governance：A complexity science approach［J］.Tourism Review，2010，65（4）：51-60.

［123］赵东喜．福建入境旅游与经济增长和对外开放关系动态分析［J］．福建师范大学学报（哲学社会科学版），2007（6）：126-131.

［124］邓涛涛，刘璧如，马木兰．旅游产业依赖与全要素生产率增长——基于“资源诅咒”假说的检验［J］．旅游科学，2019，33（1）：1-17.

［125］刘佳，赵金金，张广海．中国旅游产业集聚与旅游经济增长关系的空间计量分析［J］．经济地理，2013，33（4）：186-192.

［126］吴媛媛，宋玉祥．中国旅游经济空间格局演变特征及其影响因素分析［J］．地理科学，2018，38（9）：1491-1498.

［127］陈刚强，李映辉．中国区域旅游规模的空间结构与变化［J］．旅游学刊，2011，26（11）：84-89.

［128］邓宏兵，刘芬，庄军．中国旅游业空间集聚与集群化发展研究［J］．长江流域资源与环境，2007（3）：289-292.

［129］苏建军，孙根年．中国旅游投资规模的动态演进与分布差异［J］．旅游科学，2017，31（1）：28-43.

［130］赵金金．中国区域旅游经济增长的影响因素及其空间溢出效应研究——基于空间杜宾面板模型［J］．软科学，2016，30（10）：53-57.

［131］纪小美，陈金华，付业勤．中国入境旅游流的收敛与空间溢出效应分析［J］．旅游科学，2015，29（4）：47-60.

［132］夏莉惠，陈勤昌，蒋莉．中国旅游发展与碳排放的空间溢出关联效应研究［J］．泰山学院学报，2017，39（6）：19-26.

［133］王凯，邵海琴，周婷婷，等．中国旅游碳排放效率及其空间关联特征［J］．长江流域资源与环境，2018，27（3）：473-482.

［134］Henry E，Deane B. The contribution of tourism to the economy of Ireland in 1990 and 1995［J］. Tourism Management，1997，18（8）：535-553.

［135］Durbarry R. The economic contribution of tourism of tourism in

Mauritius［J］. Annals of Tourism Research，2002，29（3）：862–865.

［136］查瑞波，孙根年，董治宝，等. 引入调节变量的入境旅游对消费物价影响分析——基于 1999~2014 年香港季度数据的实证研究［J］. 地理科学，2016，36（7）：1050–1056.

［137］杨霞，刘晓鹰. 旅游流量、旅游构成与西部地区贫困减缓［J］. 旅游学刊，2013，28（6）：47–55.

［138］Spiteri A，Nepal S K .Incentive-based conservation programs in developing countries：A review of some key issues and suggestions for improvements［J］.Environmental Management，2006，37（1），1–14.

［139］章锦河，李曼，陈静，等. 旅游废弃物的环境库兹涅茨效应分析——以黄山风景区为例［J］. 地理学报，2012，61（11）：1537–1546.

［140］徐红罡. 资源型旅游地增长极限的理论模型［J］. 中国人口·资源与环境，2006（5）：35–40.

［141］Sheng L，Tsui Y. Taxing tourism：Enhancing or reducing welfare？［J］. Journal of Sustainable Tourism，2009（5）：627–635.

［142］曹翔，郭立萍. 中国旅游业发展导致了资源诅咒效应吗？［J］. 旅游学刊，2017（5）：14–25.

［143］Sachs J D，Warner A，Aslund A，et al.Economic reform and the process of global integration［J］.Brookings Papers on Economic Activity，1995，（1）：1–118.

［144］Antweiler，W.；Copeland，B. R.；Taylor，M. S.，Is Free Trade Good for the Environment？ American Economic Review 2001，91，（4），877–908.

［145］Liang，F. H.，Does Foreign Direct Investment Harm the Host Country' s Environment ？ Evidence from China. Current topics in management 2014，17，105–121.

［146］Markusen，J. R.；Venables，A. J.，Foreign direct investment as a catalyst for industrial development. European Economic Review 1997，43，（2），335–356.

［147］List，J. A.；Co，C. Y.，The Effects of Environmental Regulations on Foreign Direct Investment. Journal of Environmental Economics & Management 2000，40，（1），1-20.

［148］黄秀路，韩先锋，葛鹏飞．“一带一路”国家绿色全要素生产率的时空演变及影响机制［J］．经济管理，2017，39（9）：6-19.

［149］郑强．城镇化对绿色全要素生产率的影响——基于公共支出门槛效应的分析［J］．城市问题，2018（3）：48-56.

［150］陈阳，唐晓华．制造业集聚和城市规模对城市绿色全要素生产率的协同效应研究［J］．南方经济，2019（3）：71-89.

［151］Grossman，G.M.，A.B.Krueger（1991），“Environmental impacts of a North American Free Trade Agreement”，NBER Working Paper No.3914.

［152］Grossman G M，Krueger A B.Economic growth and the environment［J］.Quarterly journal of economics，1995，110（2）：353-377.

［153］Perman R，Stern D I.Evidence from panel unit root and cointegration tests that the Environmental Kuznets Curve does not exist［J］.Australian journal of agricultural&resource economics，2003，47（3）：325-347.

［154］Martinez-Zarzoso I，Bengochea-Morancho A.Pooled mean group estimation of an Environmental Kuznets Curve for CO2［J］.Economics letters，2004，82（1）：121-126.

［155］邵帅，等．中国雾霾污染治理的经济政策选择——基于空间溢出效应的视角［J］．经济研究，2016（9）：73-88.

［156］蔡昉，都阳，王美艳．经济发展方式转变与节能减排的内在动力［J］．经济研究，2008（6）.

［157］彭昱．政府投资对能源消耗影响的实证分析［J］．财政研究，2010（12）：30-32.

［158］黄亮雄，王鹤，宋凌云．我国的产业结构调整是绿色的吗？［J］．南开经济研究，2012（3）：110-127.

［159］Friedl，B.，M. Getzner.Determinants of CO2 Emissions in a Small

Open Economy［J］. Ecological Economics，2003，45（1）：133-48.

［160］彭飞，许文立，范美婷．"营改增"对城市发展的影响及其作用机制研究［J］．财政研究，2018（3）：99-111.

［161］靳巧花，严太华．自主研发与区域创新能力关系研究——基于知识产权保护的动态门限效应［J］．科学学与科学技术管理，2017，38（2）：148-157.

［162］张萃．外来人力资本、文化多样性与中国城市创新［J］．世界经济，2019，42（11）：172-192.

［163］王欣，姚洪兴．长三角 OFDI 对区域技术创新的非线性动态影响效应——基于吸收能力的 PSTR 模型检验［J］．世界经济研究，2016（11）：86-100+136-137.

［164］阎波，刘佳，刘张立，等．绩效问责是否促进了区域创新？——来自中国省际面板数据的证据［J］．科研管理，2017，38（2）：68-76.

［165］邵帅，范美婷，杨莉莉．资源产业依赖如何影响经济发展效率？——有条件资源诅咒假说的检验及解释［J］．管理世界，2013（2）：32-63.

［166］邓健，王新宇．区域发展战略对我国地区能源效率的影响——以东北振兴和西部大开发战略为例［J］．中国软科学，2015（10）：146-154.

［167］马勇，童昀，任洁，等．公众参与型环境规制的时空格局及驱动因子研究——以长江经济带为例［J］．地理科学，2018，38（11）：1799-1808.

［168］王红梅．中国环境规制政策工具的比较与选择——基于贝叶斯模型平均（BMA）方法的实证研究［J］．中国人口·资源与环境，2016，26（9）：132-138.

［169］陈玉洁，仲伟周．环境规制对创新产出的影响——基于区域吸收能力视角的分析［J］．城市问题，2019（11）：69-78.

［170］李鹏升，陈艳莹．环境规制、企业议价能力和绿色全要素生产率［J］．财贸经济，2019，40（11）：144-160.

［171］许文静．房地产开发投资对工业绿色全要素生产率的影响研

究［D］. 华中科技大学，2018.

［172］Chen S，Lee C.Government size and economic growth in Taiwan：A threshold regression approach［J］.Journal of Policy Modeling，2005，27（9）：1051-1066.

［173］Levin，A.；Lin，C. F.；Chu，C. S. J.，Unit root tests in panel data：asymptotic and finite-sample properties. Journal of Econometrics 2002，108，（1），1-24. 756.

［174］Im，K. S.，M. H. Pesaran，and Y. Shin. Testing for unit roots in heterogeneous panels. Journal of Econometrics，2003.115：53-74.

［175］Maddala，G. S.；Wu，S.，A Comparative Study of Unit Root Tests with Panel Data and New Simple Test. Oxford Bulletin of Economics Statistics 2010，61，（S1），631-652.

［176］Hadri，K. Testing for stationarity in heterogeneous panel data. Econometrics Journal 2000.3：148-161.

［177］陈云松，范晓光. 社会学定量分析中的内生性问题——测估社会互动的因果效应研究综述［J］. 社会，2010，30（4）：91-117.

［178］Arellano，M. and Bond，S. Some Tests of Specification for Panel Data：Monte Carlo Ecidence and an Application to Employment Equation. Review of Economics Studies，1991，58：277-297

［179］Roodman，D "How to do Xtabond2：an Introduction to Difference and System GMM in Stata". Washington：Center for Global Development，Working Paper.

［180］Tobler，W.R.，Lattice Tuning，Geographical Analysis，1979，11（1），36-44.

［181］张萃. 外来人力资本、文化多样性与中国城市创新［J］. 世界经济，2019，42（11）：172-192.

［182］Ru-Shiun Liou，Rekha Rao-Nicholson. Age Matters：The Contingency of Economic Distance and Economic Freedom in Emerging Market Firm's Cross-

Border M&A Performance［J］. Management International Review, 2019, 59（3）.

［183］张建中，赵子龙，乃哥麦提·伊加提，等.综合保税区对腹地区域经济增长的影响："极化效应"还是"涓滴效应"——基于2011—2016年32个综合保税区数据的实证研究［J］.宏观经济研究，2019（9）：153-167.

［184］王火根，沈利生.中国经济增长与能源消费空间面板分析［J］.数量经济技术经济研究，2007（12）：98-107+149.

［185］王立平，管杰，张纪东.中国环境污染与经济增长：基于空间动态面板数据模型的实证分析［J］.地理科学，2010，30（6）：818-825.

［186］Beer, C. Riedl, A., 2012, "Modeling Spatial Externalities in Panel Data: The Spatial Durbin Model Revisited", Papers in Regional Science, 91（2）: 299-318.

［187］田相辉，张秀生.空间外部性的识别问题［J］.统计研究，2013，30（9）：94-100.

［188］袁华锡，刘耀彬，封亦代.金融集聚如何影响绿色发展效率？——基于时空双固定的SPDM与PTR模型的实证分析［J］.中国管理科学，2019，27（11）：61-75.

［189］龚维进，徐春华.交通便利性、开放水平与中国房价——基于空间杜宾模型的分析［J］.国际贸易问题，2017（2）：50-60.

［190］Lesage J P, Pace P K.Introduce to spatial econometrics［M］.Boca Raton: Taylor&Francis, 2009.

［191］白俊红，王钺，蒋伏心，等.研发要素流动、空间知识溢出与经济增长［J］.经济研究，2017，52（7）：109-123.

［192］朱文涛，吕成锐，顾乃华.OFDI、逆向技术溢出对绿色全要素生产率的影响研究［J］.中国人口·资源与环境，2019，29（9）：63-73.

［193］Yukai Yang., PSTR: Panel Smooth Transition Regression Modeling. R package version 1.2.4. https://github.com/yukai-yang/PSTR. 2019.

［194］Luukkonen R, Saikkonen P, Teräsvirta T.Testing linearity against smooth transition autoregression［J］.Biometrika, 1988, 75（3）: 491-499.

[195] Thanh S D.Threshold effects of inflation on growth in the ASEAN-5 countries: A panel smooth transition regression approach [J] .Journal of Economics, Finance and Administrative Science, 2015, 20 (38): 41–48.

项目策划：段向民
责任编辑：赵　芳
责任印制：钱　宬
封面设计：武爱听

图书在版编目（CIP）数据

中国旅游业绿色发展效应研究 ：机理、事实与特征/童昀著. -- 北京 ：中国旅游出版社，2023.12
ISBN 978-7-5032-7262-2

Ⅰ. ①中… Ⅱ. ①童… Ⅲ. ①旅游业发展－研究－中国 Ⅳ. ①F592.3

中国国家版本馆CIP数据核字(2023)第250599号

书　　名：中国旅游业绿色发展效应研究：机理、事实与特征

作　　者：童　昀
出版发行：中国旅游出版社
（北京静安东里 6 号　邮编：100028）
http://www.cttp.net.cn　E-mail:cttp@mct.gov.cn
营销中心电话：010-57377103，010-57377106
读者服务部电话：010-57377107
排　　版：北京旅教文化传播有限公司
经　　销：全国各地新华书店
印　　刷：北京明恒达印务有限公司
版　　次：2023 年 12 月第 1 版　2023 年 12 月第 1 次印刷
开　　本：720 毫米 ×970 毫米　1/16
印　　张：12.25
字　　数：199 千
定　　价：59.80 元
ISBN　978-7-5032-7262-2